From those who experienced first-hand the atrocity of mankind…

Voices from the Atomic Bomb

Including CD

By
Dr. Motohisa Imaishi

Children's Peace Monument

First Edition Published June 11th, 2006
Translated by Aran John Askell & Christopher Cruz
Published by Keisuisha

原爆ドーム
Atomic Bomb Dome
(Hiroshima)

原爆死没者慰霊碑
Cenotaph for the Atomic Bomb Victims
(Memorial Monument for Hiroshima, City of Peace)

平和祈念像
Peace Statue
(Nagasaki)

平和の泉
Peace Fountain
(Nagasaki)

目　次

地獄の絵 …………………………………………………… 1

原爆の声 …………………………………………………… 7
(1) 声の迫真力 ……………………………………………… 9
(2) 声のデジタル化 ………………………………………… 9
(3) 負の遺産 ………………………………………………… 10
(4) 原爆ネットワークの構築 ……………………………… 10

原爆60年の声 ……………………………………………… 15
(1) ヒロシマの声 …………………………………………… 17
　① 事実の中のリアリティー　17
　② 保田証言　18
(2) ナガサキの声 …………………………………………… 42
　① 万物破壊の思想　42
　② 和田証言　43
(3) 母と子で読む証言 ……………………………………… 67
　① 感情の喪失　68
　② 悲　惨　68
　③ 暗黒の時代　69

i

ヒロシマの証言 ……………………………………………… 79
  (1) 私たちの原爆（肉声のCD付）……………………… 81
  (2) 村上手記…………………………………………… 111

原爆タワーと肉声のデジタル化…………………………… 129
  (1) 「原爆タワー」を！ ………………………………… 131
  (2) 被爆の肉声のデジタル化………………………… 132

◆特別寄稿
  教え子（広島第二県女生）の被爆死を悼む　野地潤家 … 135

◆備忘録
  1　CD「私たちの原爆」の聴取のしかた ………………… 139
  2　学徒動員の被爆………………………………………… 139
   (1) 学徒の被爆　139
   (2) 女専と原爆　140
   (3) 暁部隊のことなど　146
   (4) 「被爆アンケート」の結果について　147
  3　原爆被害に関する基礎………………………………… 148
   (1) 爆　風　148
   (2) 熱　線　149
   (3) 放射線　149

⑷　原子爆弾症　149
　　⑸　後遺症など　150
　　⑹　心身の苦しみ　151
　　⑺　不　安　152

あとがき …………………………………………………… 155
索　　引 …………………………………………………… 157

地獄の絵

1945（昭和20）年、人類が核兵器を作ってはじめて使った。広く知られているが、当時の広島と長崎では、庶民もことごとくどん底の地獄へ突き落とされた。

　それでも、辛うじて生き残った者は、想像を絶する残酷な地獄を見た。まるで、本能のようにいつまでも焼きつき、忘れることができないでいる。当時の鮮烈な地獄の絵は今でも連続している。

　しかも、それだけでない。地獄の絵は、生命がすっかりなくなった砂漠を思わせる。乾ききった世界はまったく無味乾燥である。感覚もはく奪され、建物も環境もみなこなごなになっている。

　広島や長崎で、実際に人類の危機に立ち会った肉声こそは、多くの魂をよびさまし、英知の結集をうながすであろう。しかも、「核」という大きな恐怖に敢然と立ち向かう勇気と行動力を与えるであろう。

A Picture of Hell

In 1945, for the very first time, a creation born of mans' intellect was unleashed on the Japanese cities of Hiroshima and Nagasaki. From that moment on, these two cities became known, if only by name, across the globe. In two cities, on two separate days, people were pushed with unimaginable force into the depths of hell.

For those who survived, narrowly escaping death, the indescribable vision of hell is forever branded upon their memories, preserved in dreams and revisited in waking moments, flashbacks undiluted by time.

Unlike Picasso's 'Guernica' , where the abstract and disfigured loom forever in one such portrait of hell, they are nonetheless living. In the desert left by the atomic bomb however, where insects and living creatures were vaporized, and where the landscape was changed beyond recognition, such a life force was no longer present. In the faces of the dead and the dying, all sense, emotion and expression was also taken, leaving only a void.

In Hiroshima and Nagasaki, the truth preserved in the voices of those who witnessed mankind's atrocity is recalled together with their life force, and gathered from their wisdom. I believe that this courage in the face of such terror as the dropping of the atomic bomb, and its aftermath, should stand as testament to the abolition of nuclear weapons, unconditionally and immediately, from this day forth.

原爆の声

(1) 声の迫真力

　夢のような話であるが、技術の進歩により、普段の肉声は簡単に永遠に残すことができる。
　私の行うCD化は、分量こそ少ないけれど、「直後の、信じがたい地獄」を永遠に残そうという試みである。まるで、感情を全部剥ぎ取られたような、被爆者の、淡々とした語り口調は、かえって地獄絵を増幅させる。魂も激しく揺さぶられるであろう。つまり、被爆者の肉声に文字には換えがたい、極限の惨状はさながらのように迫ってくる。

(2) 声のデジタル化

　地獄絵のCD化は、被爆者の肉声をDATに録音し、光ケーブルを経由してパーソナルコンピュータ内に取り込んで、変換ソフトで44.1kHzにリサンプルしたものである。

　デジタル化が必要であるとはいえ、他方では、用心もいるということである。たとえば、現代のMDや人気のものは圧縮した情報を元に戻せない技術によるので「実物の永久保存」自体にはまったくなじまない。

(3) 負の遺産

　証言は、悲惨極まりない地獄をナマの声で描き、それを永遠に残すということが主眼であるが、それには、また同時に、人類が未来永劫におうべき「負の遺産」であるという意味もこめられている。

(4) 原爆ネットワークの構築

　ネットワークは、是非、早い時期に構築したい、実現したいと思う。そのコンテンツは被爆者のナマの証言である。
　地球規模という大きなスケールでネットワークが構築されるならば、世界平和への叫びも最高潮に達するであろう。そして、「核兵器は、マンモスの牙のように無用の長物になる」と見られるであろう。

Atomic Bomb Voices

The true power of voices

No longer the stuff of dreams, it has now become a reality, driven by technological development, to easily preserve our voices forever.

On the CD, although the quantity is small, the quality of the sources is extremely high. For instance, the unbelievable hell encountered by our victims is preserved for posterity, for all time.

As if all feeling and emotion had been taken at that moment, the scenes of hell are amplified by the even and calm tone of voice of our speaker. The contrast between speaking voice and the contents of her testimony are shockingly marked, and far more potent than the written word. For although she speaks with seeming indifference, there is an immense spirit embodying her story.

Digital Voices

The voices included on the CD have been taken from

DAT, re-sampled at 44.1kHz and input into the personal computer using fiber optic cable.

The author has chosen not to use MD or ipod technology as it compresses the sound, and it is difficult to return the sound source to its original state.

Negative Heritage

The purpose of the author is not just to preserve the testimony of those who suffered this tragedy, but to combine both testimony and negative heritage into one format. This book is thus, an attempt to create a time capsule for future generations throughout the world.

Constructing a world wide network

The purpose of constructing a network such as this, using the internet, is to allow everyone to share information and also to find out information that affects our everyday life and safety. In the minds of visitors coming to Hiroshima and also reading this book, a seed will be sown and taken back with them to their home countries. Spreading information so that everyone can access the truth will undoubtedly change the course of the future. New weapons and the race to possess the latest and most terrifying, has lead to a stalemate situation. Like the mammoth's tusks, the nuclear arsenals of the world powers are on display and everybody knows what each country has in the way of weapons. If everybody knows, then surely there is no point to this arms race and it should be brought to an end.

原爆60年の声

(1) ヒロシマの声

① 事実の中のリアリティー

　広島の原爆については、いろいろな人の手によって、記録が書かれ、詩に歌われ、絵画に描かれ、映画も作られたが、そのいずれもが、わたくしたち、直接原爆を体験したものから見れば、実感にはほど遠いもののようにさえ思われた。それほど、その惨状は、人間の想像力や表現能力を超えた非人間的なものであったということができる。

　それにもかかわらず、わたくしたちは、この事実を、できるだけ広く人びとに伝えなければならないと思う。その偽らない事実の中から、人類の将来の運命を予見することができるからである。そうした意味からも、原爆を直接体験した人たちの手記を集めておくことには大きな意義があると思われた。しかもそれは急がなければならない。時移れば、その人たちも次第に世を去って行くからである。

　　　　　　　　　（『原爆体験記』「はじめに」朝日選書）

これは浜井信三さんの言葉である。

②　保田証言

　まずは、現在の県立広島女子大学よりも前、広島女子専門学校「女専」家事裁縫科乙類18期卒業生、保田知子さん（1945年8月6日、被爆当時19歳）の肉声をDATの録音機で収録した。（2001年9月、県立広島女子大学の研究室で収録した。）

ピカドン

　Y（保田）　学徒動員で、宇品（宇品港・別名広島港―戦地へ兵隊などをたくさん送った旧日本軍の重要地）の船舶隊の縫工場（軍人さんの軍服を縫う工場のこと）の裁縫のほうですけ（れ）ど、縫工場に参りまして、作業して（い）ましたん（の）です。兵隊さんの衣服を繕う仕事をしておりましたん（の）です。その作業に取り掛かろうとしたときに、「ピカッ」と光ったん（の）ですね。みんな「電気がショートした。」と言いました。別のグループの小川さんというかただったと思いますが、あの、配電盤のほうに行きかけられた立ち姿を見たん（の）ですね。そのとき「ドカーン」て（と）いいました。

爆　風

　Y　ガ（ラ）スが吹き飛んで来ましたので、大慌てで分厚い作業台の下に潜り込んだん（の）です。大きな音がして、潜り込ん

で、しばらく何の音もしなくなりましてねえ。静かになって。みんな、私たち怖いから目を閉じて（い）たん（の）ですけ（れ）ど。しばらくたったら、人が動く気配がしたもん（もの）ですから、そっと目を開けて（い）たん（の）です。そしたら、一緒に潜り込んで隣にいた和田さんのまゆ毛の上が、ぱさっと切れて（い）たん（の）です。私（は）、びっくりして、手ぬぐい（を）持って（い）たんで、こう、覆いましてね、「医務室に行かなければ」と言って、二人でその場を出て、すぐに医務室に行きました。そしたら、そこに和田さんのお姉さんが勤務して（お）られたん（の）です。でも、行ったとき（には）いらっしゃらなくて、軍医さんが手当てをしてくださったん（の）です。で（それで）、すぐまゆ毛をそって縫われたん（の）ですよね。

光　景　(1)

　Y　兵隊さんが入ってこられましてね。その兵隊さんを見ましたら、あの、「おけし坊主」って（と）私たち（は）言って（い）るん（の）ですけ（れ）ど。帽子をかぶって、その頭のところは黒髪が残って（い）るん（の）ですね。その下が剃ったように真っ黒に。顔から全部真っ黒なん（なの）です。「おかしい！　どうしたのかしら」と思って見てみ（い）ました。兵隊さんが言われるのには「ピカッ」と光ったときには、ちょうど、専売局のとこ

(ろ)（市内皆実町のたばこ会社）にいたって（いたと）。それで逃げて来られて、「手当てをしてほしい。」といって医務室に入って来られたん（の）ですね。

光　景 (2)

　Y　私たち（は）、「ピカッ」て（と）光って、「ドーン」といって、「皆実町のガスタンク（市内に供給しているガスのタンク）が爆発したん（の）だ。」（と）、みんな、そう話して、私自身もそう思って（い）たんです。「あ、それじゃ（では）違うのかしら。」「ガスタンクは爆発して（い）ない。」って（と）言われたから、「あ、違うん（の）だったら、じゃあ、いったいなんだったん（の）だろうかなあ」と思っ（てい）たんですね。それで、和田さんのお姉さんが来られたので、そこで和田さんと別れたん（の）です。私一人になりました。「元の作業場に帰らなければ」と思って、医務室の外に出ました。そしたら、やけど（を）した人。顔はどす黒くなって、髪を振り乱して、手をこうしてぶらさげて、ね。皮がぶら下がった方やら、なんやら。そこにいっぱい（たくさん）、座り込んでおられるん（の）ですよ。私が医務室から出たら、みなさん、いっせいに見られてね。それこそびっくりしました。生き地獄でしょう。ぞーっとしてね。「どうしたのかしら」と、本当に理解ができないん（の）ですね。足元を見ましたらね。背を丸

くしてかがんでられるかたがおられたん（の）です。よく見たら、小川さんだったの。配電盤にたって（いかれた）。丸めておられる背中にガラスが（たくさん）つきたって。ちょうどハリネズミのような感じ！　ガラスがつきたって（い）たの。「ああ、どうしよう」と思ったら藤岡さんが付き添っておられたん（の）です。あと、どなたか（は）覚えてなかったん（の）ですが、とにかく、同級生（たち）が付き添って（お）られ（てい）たのを覚えて（い）て。

金輪島へ避難

Y　私は「元の職場に帰りましょう」と思って、縫工場へ帰ったん（の）です。そうしたら、だあれも、おられないん（の）ですよね。「どうしようか」と思ったら、そこにおられた兵隊さんが「あんた、手から血が出て（い）るよ！」って（と）言われて、自分の手を見たら、ここを切って（い）るん（の）ですね。ぜんぜん気がつかんのですよ。たいしたことはなかったから、急いで、こうしてハンカチで巻いて。「女専の人は、あちらに集合してから行きなさい。」と教えてくださったので、行きました。「今から金輪島（学徒動員の、みんなのいる島。宇品港の近く。）へ船で渡る」と、そういうところへ行ったわけです。タタタタという船があるん（の）ですが、それに乗って金輪島に渡りました。そしたら、みんな、あの、こう、グループ分けさせられましてね。背の

高いものが4人ずつ。ほかの方はどういうようにされたかは知らないん（の）ですが、わたしは「4人のグループで担架をね、持っていくように。」言われたん（の）です。で（それで）、4人で、後ろ前で。しろおい（白い）、包んだものを乗せて。「これは、あちらの兵隊さんの所に持っていってください。」（と）言われて、4人で担いで。で（それで）、渡して、兵隊さんがそれを受け取られて、そしてまた、ちがう担架を持ってきて、それをまた元のところへ持って行く、て（と）いうふうなそういう作業をね、日が暮れるまでしたん（の）です。今考えてみたら、それは死体だったん（の）ですね。そのときは全然分かりません。日が暮れたもん（の）ですから、あのう、防空壕の中にみな休憩して、で（それで）、座ったとたんに、もう、くたびれたん（の）でしょうね。寝てしまったん（の）ですね。わたし。で（それで）、目がね、さめたら、だあれ（誰）もおられないん（の）です。まわりに。「あら、どうしよう。」と思って。防空壕が、大きな防空壕ですからね、あっちの端、こっちの端と探しましたらね、ある一角でね、おむすびをみなさん作っと（てお）られ（てい）たんです。私もその中に入って大きなおむすびをね、作りましたの。熱くってね。大きなおむすび。あのう、わたしたちは、普通（普段）は、こうりゃんめしをね、食べて（い）ましたから、その白米、あのう、銀飯をむすんだん（の）ですよ。最後に、わたしたちもいただい

たん（の）です。一つ。おいしかったん（の）ですよね。そうして（い）たらね、「広島が焼けている。」ゆって（と言う）兵隊さんの声が聞こえたん（の）です。みんな、飛び出しました。豪(ごう)から。そしたら、西北になりますかね、金輪島からいうと。（広島が）真っ赤に燃えて（い）ましたね。「広島が全部焼けて（い）るぞ。」と言われてね、「うちはどうなったかしら」と思いましたん（の）ですよ。ずうっと燃えて（い）るの（を）いつまで（も）見つめていました。そのうちに、眠くなったからでしょう、みんないっしょに、豪に入って。きたきりすずめでね、そのままもんぺの服装で。

焦土の街へ

Ｙ　明くる朝、7日の日、朝礼(ちょうれい)がありましてね、それで「広島のものは、帰ってよいぞ。」と言われまして、それであのう、船に乗せてもらって、広島市内の人、数人、あの、船に乗し（せ）てもらって広島市内へもどってきたん（の）ですけ（れ）ど。わたしは一人だけ、江波(えば)の沖へね、降ろしてもらったん（の）です。ほかの方はそのまま、船で川上にいかれたん（の）ですけ（れ）ど。どなたがおられた（か）、確かね、香川(かがわ)さん、香川タツコさんもその中におられたように思うん（の）ですけ（れ）どね。そのほかのかたは覚えて（い）ないん（の）ですけ（れ）ど。ひとり

原爆60年の声　23

江波の一番南のほうで降ろしてもらって、がんぎ（コンクリートで固められた護岸）から上がって、そして、ずーっと土手を、あの、住吉橋のほうに、上のほうに、歩いていきます。ガラスは飛び散って（い）ます（し）ね。土手の上でもね、それが（被害が）だんだん、だんだん、ひどくなる、家を見ますと、こわれたような感じが、だんだん、ひどくなっていきますし、それから川のほうには、裸馬が倒れて（い）ますしね。そして、住吉橋が見えるとこ（ろ）ぐらいになると、もう家が全然、見えません（家という家が全部倒壊しているさま、焼け野原になっているさま）。焼けて（い）ます。

（今石　中心地から近いですものねえ。）

　Y　住吉橋から、そうですねえ、100メーターよりちょっと離れた中のほうですけ（れ）ど、舟入本町の（に）私の家があります。「たしか、この辺だったがな」と思って（い）ましたら、あの、うちの近くにお風呂屋さんがありましてね、煙突がね、南に向いて倒れて（い）たんです。「あの煙突の近くが家だ」と思って行きましたらね、あったん（の）ですよ。台所にあの流しがありました。それは、レンガでつ（築）いてありました。そのそばに、石うすがたって（い）たんです。みなれた石うすですから、「ああ、ここは家のあとだ」と思いましてね、石うすを（に）ちょっと両手であたったん（の）ですよ。ぱらぱらっと、その石

うすが崩れて粉になってしまって、「あらーっ」と思ってねえ。まあ、あっつい（熱い）ん（の）ですよねえ。2、3軒先にお米の配給所がありましてね、そのときは気が付かなかったん（の）ですが、とにかく、お米が燃えて（い）るん（の）ですね。火は見えないん（の）だけどね、ゆらゆらした、揺らぎのね、熱風が吹きつけてくるん（の）ですよね。熱いしねえ。それで人が、だあれもいないん（の）ですよ。上のほうを見たら、だあれもいないの。南のほう（を）見たら、煙突の先のほうに人が座ってね、かがんでね、よっかかって（寄りかかってい）るんですよ。煙突に。倒れた煙突の先に、こうして座ったような感じで横たわって、男の人だったと思うん（の）ですよね。そばまで行ったん（の）ですよね。そしたら死んどられた（死んでおられた）。それから（さらに）南側を見ると今度は、電車（の）江波線があります。江波線を、線路を中心にして、両端に筵を敷いてね。そして、けがをされたかたや、やけどをされたかたなんかを、そういうけが人を（鰯を並べたように）並んで（並べて）いくん（の）ですね。線路の上に。線路の上に向き合いにね。こういうふうに並んで（い）るん（の）ですよ。それで上にこう筵が、ちょっと庇みたいにしてあって。私の父が家にいたはずだけ（れ）ど。家（が）倒れた時に下敷きになったか、あるいは焼けたか。悪いほうをね、想像して。「どうした（の）かしら」と思って。姿が見えないから。け

原爆60年の声　　25

が人の中にいるかもしれない（と）思って、ひとりひとり、歩いて見てまわったん（の）ですけ（れ）どね。その間には、やけど（を）したり、けが（を）されたかた（に）、付き添えのかたがおられてね、蛆をとったりね、蝿を追ったり、へから（それから）、なんか、なんかようわかりませんけ（れ）ど、こう、風をおくったりしてあげて（い）らっしゃるのを見て、長い列だったん（の）ですけど、ぐるうっとまわって（見ても）いないん（の）ですよ。父がねえ。「どうしたのかな」（と）思って。母は、前の日に五日市のほうに出ておりましたからねえ、いないのはわかって（い）ましたから。「父はどうしたかなー」と思ってねえ。気になって。でも、わからないから、も、しょうがない、なにをする（と）ゆうても、なにもできませんから。で、あのう、住吉橋のほうへ行きましたん（の）です。そ（う）したら途中で、あのう、焼け残りの木を集めて、死体をねえ、焼いて（い）らっしゃるん（の）です。そこここでね。すごいねえ。あの、でも、人が死んで（い）らっしゃるのを見てもなんとも思わないん（の）ですねえ。ああいう時はね。異常が普通になった感情でねえ。それで、住吉橋のところへいって、こうぼんやり見て（い）ました。そこに、まあ、すさまじい光景でしてね。その、やけどした人、けがー（怪我を）した人、死人の方がね、流れて来るん（の）です。上から。本川のほうからずうっと。それが赤黒くなって、あのう、赤紫になっ

原爆供養塔
Atomic Bomb Memorial Mound

て半分はれあがって、男の人か女の人かわかりませんよね。むくれあがっとり（むくれあがってい）ますから。そういう死体が。それがおまけに（その上に）裸でしょう。衣類がないん（の）ですのね。流れてくるのね。あの、ちょうど対岸の吉島の刑務所があるの。その刑務所の囚人の人が。だから、囚人は青い服（を）着て（い）るからわかったん（の）ですけど。その人が川舟を、こう、どういうの、さおさしてきますでしょう。そしてね、その死体をね、長あいさおの先に、こう、かぎがついているん（の）です。それで、引き寄せては舟に乗せるん（の）です。それで、死体を重ねていくん（の）です。ぼんぼんぼんぼん（次から次へと）。満

杯になったら（いっぱいになったら）どっかえ（どこかへ）、ええ、持って（運んで）いくん（の）でしょうね。また次のねえ、また川舟に積んでては（いっては）。それを、まあこう、ぼんやり見て（い）たんですよねえ。そして、はじめは川上から流れてきて、だけど、今度は満ち潮になると逆にね。今度は、死体が、かみへのぼっていくん（の）ですよねえ。それでもう本当に、どこの誰か（か）わかりませんわねえ。私の甥も二中（現観音高校）の生徒で、あの、建物疎開で出ましてねえ。結局、いまだに（甥の安否が）わからないん（の）ですけ（れ）ど。探してもわからないかたがたくさんおられるのに。どこか（に）、死体を運ばれていかれてねえ。結局、わからない……わかりませんわねえ。で、あの、もう夕暮れになりましたからねえ。そういうの（を）見て（い）てもしかたがない、何にも、ねえ……お手伝い（を）することもできないし、暑くはあるしねえ。まあ、元の焼け跡に戻ったん（の）です。そしたら、父がねえ、向こうのほうから来るん（の）ですよ（泣き声気味）。わあ、生きて（い）たあて（と）いう（ふう）にねえ、（と）思いました。

父が語る

Y　そ（う）したらね。あとから（父に）聞いたら、ちょうど8時過ぎくらいにね、家に電話がかかってきましてね。で、あの

う、(父の)勤めが江波にあったものですから、そこへ(父が)自転車で行ったそうです。そして、事務所のところの金庫があるん(の)ですが、大きな金庫が。用事があって、そこにこう、(父が)しゃがみ込んだときに、ピカッと(光ったの)だったそうです。それで、やっぱり父もねえ。手をけがしておりました。ガラスで。ほかにはもうね。(父は)ああこりゃ大変なことになったと思って、自転車で、あの、家まで帰ろう(と)思ってもねえ。もうガラスで。散って(いる)から。ねえ、自転車(は)乗れないでしょ。ほで(それで)、歩いて、とにかく、とにかく、早く帰ってみなくちゃ、と思って帰ったら、隣の家がうちのほうへ全部倒れて(い)て、折り重なって、ぺっちゃんこになって(い)たんですね。だからあそこにいたら、絶対……。まだ、焼けてないん(の)です。あの、ちょうど前のうちなん(の)ですけど、そこのご主人がねえ、「うちの家内と子供がこの下にいるから、助けてやってください。」ゆうて言われて(と言われて)。ま、そのへんの元気な人がね。男の、何人か知らないですが、その梁を、こう、のけ(取り除け)ようと思うん(の)だけど。昔の家ですからねえ。梁が大きくて、上に、こう、隣の家が重なったりして(い)るから、なかなかのけられない。そのうちに、やっぱり火が出てきて、それで、だんだん迫ってきますのでねえ。それで、あのう、そこのご主人が、「もう、あきらめました。皆さん、ひき

原爆60年の声　29

取ってください。」ゆって、言われて（と言われて）。もう、しかたがないん（の）ですよね。その時にね。したで、あの、子供さんの声が聞こえるん（の）だそうですよね。それから、奥さんの声も「助けてー。」ゆう（と言っ）て、ね。それで、あの、坊やがねえ。あのう、「おとうちゃああん。いいこ（よい子を）するから、助けてええ。」（と）言うてねえ。言われた声やらねえ。奥さんがねえ。もう、火がせまって（い）るのがわかったから、「はやく逃げてください。」ゆうてから（と言って）ゆわれた（と言われた）声がね、もう、耳に残ってねえ、それで、「も（う）本当に辛い。」ゆう（と言っ）てね。それをね、あの、（父が）夜話してくれたん（の）です。私にね。そのうちにねえ、あの、母もね、あの、五日市におりましたのが、「広島が大変だ。」て（と）いうことで。とにかく家がどうなったか、気になるし、みんなどうして（い）るか、気になるから、一刻も早く、あの、市内（に）入りたかったけれど、途中で止められたから。前の日は来れなくて。その日に歩いてねえ、来るわけだから、1日、時間（が）かかって。でも、夕方、帰ってきたん（の）です（よ）。焼け跡へ。3人ねえ。あの、あの頃は、座敷の家の中のしたを、こう、防空壕で（として）掘って（い）ましたんで（ね）。そこ（が、）こう掘ってあったから、そこへ、父が筵をもらってきて、敷いて、ま（あ）寝ることにしたん（の）だけども。その、死体を焼く臭いと、そして、

あの、お米が燃える、ものすごく、燃えるん（の）ですよ。ずーっと燃えて（い）るん（の）ですね。それが夜は、ぽっぽっぽっ、赤いん（の）ですね。それの熱気と、それから炎暑、日中、焼けついて（い）ますから、その熱いので寝られませんわねえ。だけど、ね、こう、上（を）向くとねえ、お星様がものすごくきれいな満天の星でしたよ。きれいでしてねえ。もう、ほんと（うに）。

ま（あ）、でも、くたびれて（い）るか、どうか知らないけど、私はうとうと、休みました。

Sixty Years of Voices

Atomic Bomb Voices of Hiroshima

The reality of fact

A large body of work has been created regarding the Hiroshima atomic bomb, by writers, poets, artists, and even motion picture makers. But, to those of us who experienced the bomb first-hand, those works feel separated from us as if by an ocean. I believe that it was something inhuman, incapable of being properly imagined or adequately expressed. However, despite that feeling, we do feel that the facts of it must be spread to as many people as possible. Within those facts lies advice for the future of mankind. I feel that gathering the words of those of us survivors is of great importance. But it is something we must hurry to gather. If we loiter too long, those survivors, along with their words, will vanish from this world.

(*Asahisensho: A Record of Surviving the Bomb*; "In Opening")

The preceding paragraphs are the words of Shinzo Hamai, the first mayor of post-war Hiroshima. My work is to track the various truths of the atomic bomb, and report them to the generations after me.

Yasuda Tomoko's Testimony

What follows is one of the voices of Hiroshima. It is a transcribed interview with Tomoko Yasuda. At the time of the bomb she was 19 years old (1948, August 6th), a student of the Hiroshima School for Women's Domestic Textiles Department.

'Pika-Don' (Flash and Explosion)

Ms. Yasuda (Y) : We worked at the Ujina shipping corps under student mobilization orders. We were sewing the uniforms of sailors. Our work was just about to start that morning when we saw a flash like lightning. Everybody thought the electricity had short-circuited. But when Ms. Ogawa of another group stood up to go look at the switchboard, we heard a loud explosion.

The Blast

Y: When we heard the explosion, we hid under the thick work-table; almost immediately after we had hid, the glass windows shattered, and then we heard nothing for a while. We were all afraid, so we shut our eyes. After a while, we sensed someone moving, and we opened our eyes. I then noticed that Ms. Wada, who had hidden with us and was beside me, had a large cut across her forehead. I was surprised, and using a hand towel I had with me, tried to cover the wound. I said, "We need to go to the clinic," and the two of us left the room for the clinic. Ms. Wada's older sister was on duty. But when we went there, she was not there, and we received treatment from an army medic. He stitched her forehead quickly.

A Terrible Scene, Part 1

Y: A soldier was inside. When we saw him, we called him 'OKESHI BOZU'. We called him that because of his black bowl-cut hair, and the burns and smoke on his face, which made his head appear completely blackened like a kokeshi doll. As I looked at him I wondered what happened to him. He explained that at the time of the blast he was at Senbai-kyoku (Senbai-kyoku refers to the Senbai Tobacco Company, who had a factory in Minami-machi.). He ran here, and needing medical attention, had come to the clinic.

A Terrible Scene, Part 2

Y: Then there was a flash of light, then a loud boom.

Everyone said, "A gas tank in Minami-machi must have exploded (There were many gasoline storage tanks in the city)." I agreed. When someone said "It wasn't a gas tank," I said, "Well, if it wasn't, then what was it?" Then Ms. Wada's older sister came, and they left together. I was left alone. I left the clinic, thinking "I have to get back to the factory." But when I did, I ran into a badly burned person. His face was completely black, his hair was sticking up this way and that, and he held his hands limply up to his chest. His burned skin was hanging off of him. There were many like him sitting with him. When I came out of the clinic, I saw all of them at once. The sight shocked me. It was like hell come to life. I was speechless. I simply couldn't make sense of what I was seeing.

Y: When I looked down, I saw someone huddled on the ground. Taking a closer look, I recognized her as Ms. Ogawa. She had been brought here from the switchboards. Her back was covered with broken shards of glass. She looked almost like a porcupine there was so much of it. I didn't know what to do. At that moment, Ms. Fujioka came and helped her away. Other people, I don't remember who, came to help my injured friends away. Then I made my way home.

Evacuation to Kanawa Island

Y: I thought to myself, "I should go back to my workplace," and I headed to the tailoring factory. When I got there, there wasn't anybody around. Just as I was wondering what to do next, a soldier saw me and said, "Hey you, your hand's bleeding!" I looked down, and he was right; I had been cut. I hadn't even noticed. It wasn't serious though, so I just wrapped it up in my handkerchief.

Somebody said, "All female skilled laborers are to make a group and get on that boat." As to where we were going, I was told "You're going to Kanawa Island (a small island located near Ujina port; where other student workers had been gathered.)" . Once there, we were broken into smaller groups. All the tall people were put into four-person teams. I don't know what happened to everyone else, but we were told to carry a large stretcher, one person per corner. A large white wrapped object was placed on the stretcher. "Now, take this to the base camp over there." We did, and when we got there, the white object was taken and replaced by a different one, with orders to return to the original camp. We kept doing this until nightfall. Thinking about it now, we must have been moving dead bodies. I didn't figure it out at the time, though.

When the sun went down, we all rested in a bomb shelter. I remember being completely exhausted when I finally sat down. I fell asleep, sitting like that. When I woke up, I didn't see anyone around. "What do I do now?" I said to myself. So I got up and, since the shelter was very dark and large, I went about exploring. When I did, I found some others in a corner making rice balls. I joined them and made one myself; a large and hot one. Normally, rice balls such as these ones we had made were reserved for the soldiers, and we were allowed to have what was left. They were so delicious… But anyway, it was then that I heard a soldier's voice shouting, "Hiroshima is burning!"

We all came running out of the shelter, and indeed, to the northwest, from Kanawa Island, Hiroshima was red and in flames. "Hey, Hiroshima's on fire!" somebody shouted to me, and my first thoughts were "I wonder what happened to my house?" So we just stood there, staring at the city on fire. Eventually we started to get sleepy, and all went inside. There was no changing of clothes, of course; we just slept in our regular work outfits.

To the Town of Scorched Earth

Y: The next morning (the 7th) we had a morning

assembly, and were told that those of us from Hiroshima were free to return. So we all got on a boat, the group of us, and went back to the city. I was the only one who got off at Eba. Everyone else rode upriver on the boat. Let's see⋯I remember Ms. Kagawa; that is, Ms. Tatsuko Kagawa, was with them. I don't remember anybody else. I got off at the southernmost part of Eba, climbed up the gangi (a type of artificial cement breaker wall) and headed straight on for Dote, and the Sumiyoshi Bridge on foot. There was broken glass everywhere. As I reached upper Dote, the damage became worse and worse; the first houses I saw seemed a little damaged, but as I moved farther in, the damage increased. I saw a barebacked horse fallen down by the river. And by the time the Sumiyoshi bridge had come into sight, I couldn't make out any more houses at all (i.e, they had been completely leveled and scorched). Everything was burning.

Mr. Imaishi: Because you were close to ground zero, weren't you.

Y: My house was in Funa-iri Hon-machi, about 100 meters from the Sumiyoshi Bridge. Reaching the neighborhood, I thought "My house is around here," and then noticed the fallen chimney of a bath house near my home. It had fallen to the south. "My house should be near that chimney," I thought and walked towards it. That was when I saw my kitchen counter. It had been made of brick. Near it was a bit of mortar. It looked very familiar, that mortar, and suddenly I realized, "This is all that's left of my home." When I reached down and touched it, the mortar crumbled into dust in my hands. It shocked me beyond all words.

It was also very hot, I remember. Two or three houses down, there was a rice storehouse. I didn't notice at the time, but the rice inside was burning. You couldn't see the fire, but you feel the heat coming in waves. It was very hot. And there wasn't anyone round, not a single person when I looked north. When I looked south, I saw a person sitting on the fallen chimney; well, that is to say, he was more laying on top of it. I believe it was a "he." When I got up next to him I could see that he was dead. Beyond him further to the south, I could see the Eba streetcar line. On either side of the line, rice mats were lain out, and burned and injured were lined up like sardines. All of their heads were facing the tracks. And above these people another rice mat was propped up to provide some shade. I began to wonder what had happened to my father; he was supposed to have been at home. Had he been crushed when it fell, or had be been burned to death? "What happened to him?," I was asking myself. I was assuming the worst, because I didn't find him there. I walked up and down looking for him among the wounded. There were people all around, shooing away flies, picking off maggots, and fanning the air. But I didn't find my father. "What happened?," I thought again. My mother had been in Itsukaichi the previous day, so I knew she wouldn't be there, but my father… "What happened?" kept going through my head. But I just didn't know, and there wasn't anything I could do; there wasn't anything that COULD be done. So finally I left for the Sumiyoshi Bridge.

The Father's Story

Y: Ms. Yasuda's father told her a story about his own experiences after the bomb fell: "There was a house just in front of mine. The owner of the house said, 'Please help me; my wife and son are trapped underneath.' He was asking the neighbors to help him move the house's support beams. It was an old house and the beams were large; additionally, they had been buried by the wreckage of the house next door. We all helped, but we had little luck. At the same time, a fire had broken out and was spreading.

Finally, the owner said, 'It's no use. You should just go.' That seemed to be end of things. Just at that moment though, we heard a child's voice. Then we heard his wife say 'Help us!' I remember the son saying, 'I promise I'll be a good boy, daddy; please save us.' But then the wife spoke again. She seemed to understand that the fires were getting too close, and said, 'Get away, as quickly as you can.' The words rang in my ears and tore at my heart.

Returning to Ms. Yasuda: Under the house, we had dug out an air-raid shelter. My parents and I went down there, covered ourselves with a straw mat, and tried to sleep. But the smell of burned bodies and the heat from the burning rice, which had been burning all day, was too oppressive. We lay there awake, amidst the heat and crackling red. And yet, looking up at the sky, I couldn't help but notice it was full of shining stars. They were beautiful.

(2)　ナガサキの声

電鉄原爆死没者の碑
Tombstone for the Streetcar Operator Victims of the Atomic Bomb

① 万物破壊の思想

　路面電車が長閑に走っている。長崎でも今も路面電車は庶民の足である。和田耕一さんは、学徒動員時代、路面電車の運転手だった。1945（昭和20）年、多感な18歳だった。8月9日、午前11時2分、不幸にも被爆してしまった。
　強烈な閃光と爆風の体験、熱線を浴びた親友、焼けただれて人間の姿をしていないおびただしい死体は、和田さんの人生を大きく変えた。

万物を打ち砕くという核体験は、和田さんや友人その他だけではすまされない。この核体験は、大きく、地球上の人類みんなが共有しなければならないものである。それは、途方もない、大きな負の遺産である。

② 　和田証言
　和田耕一さんからのメッセージ

　　８月９日も強い日差しが照りつけることだろうと思っていた。いつものように、早朝６時、蛍茶屋営業所に出勤した。捺印・名札提示をして、同僚とともにレバーハンドルを受け取り、車掌さんからは「お願いします」と促された。古参の城戸車掌さんだ、今日もがんばるぞ、と思って出た。規定通りに、蛍茶屋から大橋、思案橋間の運転に従った。私の電車も朝のラッシュアワーで、超満員だった。その頃、別の所、賑橋の所で、同僚が事故を起こした。そのために、私も運行変更を言い渡された。が、これが運命の分かれ道というものであろう。確か、11時少し前だったと思う。運行変更を言い渡された私は、蛍茶屋にある営業所に戻った。事故を起こした同僚の中川さんが片山運転課長からしきりに注意を受けていたが、私は起きたことはしかたがあるまい、と思って

いた。そして、私も中間食(かぼちゃや雑炊など)をとり、長椅子に座って他の同僚たちとぶつくさ言っていた。その時、強烈な閃光を浴びた。後でわかったが、爆心地からは３キロも離れていた。しかし、その時は違う。営業所が爆弾の直撃を食らったと思った。しばらくしてわかったが、長崎は地獄同然であった。なぜあれほど、たくさんの市民が巻き添えになったのか。たくさんの子供たちも理不尽に地獄へ突き落とされたのか。

次は、2004(平成16)年３月、「浦上天主堂」横の野外において和田耕一さんの肉声をＤＡＴの録音機で収録した。

閃　光

　Ｗ(和田)　原爆の最初の閃光ですねえ。あれをどんな感じかというとカメラのフラッシュを目の前に50個から100個集められてそれを一瞬にまあ、やられたとゆな(いうような)、まあそんな光でしたねえ。だからちょっと、50個から100個のカメラのフラッシュを集められてすぐ目の前で一瞬にたかれたと。ですから、ちょっとあれ(は)、なに色と表現ができないような瞬間的な光でしたからね。ええ。
(今石　でえ、音、音も。)

W　いや。音はもう、ぜんぜんわかりません。え、光と同時に次にきたのー、衝撃波(しょうげきは)で、建物自体ー、潰(つぶ)されましてね。ええ、しばらく気を失っていたわけなん（の）ですよ。気がついたのは、なにかこううつぶせになって地面にころがって（い）るん（の）で、へから（それから）あのときはそうですね、まあ光ちゅうか（というか）からだ全身で受けたような強烈な光だったし、さっき言ったような、そのカメラのフラッシュを50個から100個ぐらい集めて、照らされた、光だったですねえ。それから、瞬間にまあ気を失って、気がついたときには地面に転がってん（いるの）ですよ。

（今石　へえー。）

　W　へえ。(それ)で、ま(あ)どれくらいの時間か、まあ気を失っとった（ていた）わけでしょうね。(それ)で、気がついたときには、地面に転がって（い）るし、自力ではどうしても起き上がれんもん（もの）ですけん（起き上がれないものですから）ね。いったいなにがあったん（の）だろうと。とにかく早く起き上がろう（と）思うん（の）ですが、自力ではどうしても起き上がりきれんかった（起き上がることができなかった）ん（の）です。とうとう私も助けを呼んだようでしたねえ。しばらくするといく人かの元気な、学徒動員の仲間たちがやっと私を助けてくれて、表の電車道に飛びだしたん（の）ですよ。ところが周囲を見るとです

ねえ、いったいなんでこんげんなっととやろか（こんなになっているのだろうか）と、いったいどうしたとやろかと（どうしたというのだろうかと）。爆弾がおっちゃけた（落っこちた）にしてはなんかおかしか（おかしい）なあ。ぼおっとそこにたって（い）たん（の）ですよ。まわりを見ますとねえ。民家もあったん（の）ですけど、どの家も同じように壊れたような感じだったん（の）ですねえ。ぜんぜん、なにがどうなって、どうしたのか、さっぱりわからんやった（わからなかった）ですねえ。

被爆した一人の女の子

W　そのままそこに、ぼーっとたっていたときに、私の前に、近くの壊れた民家ですねえ、建物の隙間から這い出てきたん（の）でしょうか、小さい子供がですねえ、私の前にちょこんと座ったん（の）です。ふっと見ると、顔中体中血だらけだったん（の）ですねえ。うわあ、こらー大変な怪我しとっばいだ（これは大変な怪我をしているわい）。こら（これは）早く病院に運んでやらんばいかんばい（やらねばいけないわ）。私はとっさにその、感じて、へから近くの病院にその子を背負ってですねえ。走りこんだん（の）ですよ。ところが病院に入って驚いたのは、その、想像もつかないような人たちがたくさん病院の中に、もう、いるわけですねえ。しかし、私は背中に背負った、その、血だらけになった

子供をはよー（早く）先生に診てもらおうと、治療をしてもらおうということで、その人たちを押しのけながら先生の前につれていったん（の）です。（それ）で、先生も治療にはいってくれました。でも、もう病院に薬が無ったん（の）ですねえ。あったのはマーキュロム、赤チンですけど、あれと、チンク油てて（といって）、白い油をする（？）で石油缶みたいな缶にはいって（い）ました。ほえで（それで）先生のー（先生の）指示でですねえ。その、きたなか（汚い）ねえ、と思った（の）ですばってんか（けれど）、消毒薬はなかったですけん（のですから）、近くの雑巾バケツの雑巾を絞りながらですねえ。その子の顔や体を拭いてやったん（の）ですよ。ところがよく見ると、目のとっても大きいですね、女の子だったん（の）です。たぶん5つぐらいだった（の）でしょうかねえ。ほえで（それで）、傷を見ると額の方をですねえ。もう、半分以上割れたような状態なん（なの）ですねえ。しかしま（あ）先生は薬がなかったぞれ（ので）しょう。赤チンをびんごと、傷口にたらたら流し込んで、そしてぼろぎれを私にやってですねえ。「おい、学生、これでこの子の額の傷口を押さえておけー。もう、ここはせまかけんで（狭いから）、近くの小学校が臨時の救護所（に）なっとーけんそこへ運べ。」（と医者が言う）。またその子を背負って近くの小学校に運んだん（の）です。小学校（では）、どの教室にももう、とてもその子を置く場所がないぐらいに、負

傷者というん（の）ですか、火傷（やけど）をして（い）るというん（の）でしょうか、ほおら（それは）もうたくさんいるわけですよ。しようがないから、運動場の片隅にそーっと（そっと）おろしたんです。でもその子はやっぱり、私がやったあのぼろぎれみたいなものを額の傷口にあてたまま、じいっと（じっと）しているん（の）ですけど、一言も私（に）口をきいてくれんやった（くれなかった）ですねえ。

　私は小学校にいたたくさんの人たちからですねえ。とにかく浦上の方がやられとるば（ているよ）。浦上と（いうのは）、今私が話して（い）るここが浦上天主堂ですけれども、ここのあたりがなにかやられたと、ゆよな（いうような）話をやっと聞きだしまして、当然この近くまで、市内電車が動いて（い）ましたん（の）でねえ。たあ（ああ）、こら（これは）ひょっとすっと（すると）この人たちと同じように電車の運転手、車掌、俺たちの学徒動員の仲間たちがやられとるかしれんばい（ているのか知れないよ）。こら（これは）なんとかせんば（しないと）いかんなあちゅことで（いけないなあということで）被爆したところに戻ってきて、そして幾人かの仲間たちを集めましてね。「おお皆、浦上がやられたらしかどお（やられたらしいぞ）。とにかく今から浦上の方まで電車道に沿って行ってみようか。」（と）。そこで幾人かでまあ、救護隊みたいなものを編成しましてねえ。担架（たんか）がなかったから、近くの民

家の雨戸をはずしてきたん（の）ですよ。雨戸の四隅を4人の学生が持って、とにかく電車―、線路沿いにずーっと（ずっと）浦上まで行ってみようか。へから（それから）、私たちは8月9日の午後から14日まで、浦上の方にも何回か入りました。

仲間の救護

W　この今までずーっと電車で通っていた浦上の街（まち）はこんげんなって（こんなになって）なにもないたい（ないよ）。誰に聞いてもぼおっとして（い）るわけなん（の）ですねえ。まさか原子爆弾が落ちたなんてことはそゆ（そういう）ことは想像もして（い）ませんし、夢にも思ったことはなかったん（の）で、しかしなんでこんな家もなんにもなからーで（なくて）、ときどき歩きながら道路の、とか川なんかを見るとですねえ。人間の黒こげになった遺体がごろごろころがっとっとです（ころがっていました）ねえ。そんな中を歩いたことで、私自身はもう、少し気が変になりかかった（の）ですねえ。あのとき（は）その場所を見た仲間たちはみんな気が変になっていたと思いました。たしか11日だったと思うん（の）ですがね。私は仲間とはぐれてですねえ。自分が被爆したところ、これはやっぱり長崎の東の方に、蛍茶屋という終点があるんですが、そこに戻ってきたん（の）ですよ。戻ってきたときにですねえ。その、ほかの学徒動員の仲間たちが、「おおい、

班長が生きとったー（ていた）。班長が戻ってきたばい（わい）。」そんなこと（を）いうもん（もの）ですから、少しこう正気に戻ったん（の）でしょうか。俺（は）班長だったとか（のか）。人ったち（人たち）があのー（？）そこで少し正気に私に頭に浮かんだのは、こりゃ（これは）学徒動員で60名の運転、車掌（の）仲間たちがいるん（の）だけれどもいったいそのどおしとっと（どうしている）かなー。それが心配なので点呼をとったん（の）です。点呼の結果ですね。20名と（いう）女子学生、それは電車の車掌をして（い）たんですけども全員はそろって（い）ました。でも幾人かはやっぱりこう、怪我をしたて（という）のがいたようですねえ。でも女子学生ですぐもう、自分の家から遠くに逃げるように伝えました。も（う）、女子学生（は）しぶしぶ帰ってい（っ）たと（よう）ですけど。男子学生、運転手、これが40名なん（なの）ですけども、点呼の結果、12名がですねえ、11日の夜中過ぎまで待っても、私たちん（の）とこ（ろ）に戻って来ないん（の）ですよ。誰に聞いても行くえがわからんわけです。「とにかく班長、もう一回明日から浦上の方まで行ってみようか。どっかで（どこかで）その、怪我をして火傷をしたごた（ような）かっこうで俺たちが助けに来っ（る）と待っとっ（ている）かも知れんばい（知れないよ）。」そう言った学生もいましたん（の）でねえ。「よおし、みんな（が）そんなつもりやったら（だったら）、明日からも

う一回浦上の方まで探(さが)しに行こうか。」そしてその日はその場にまあ、ごろごろやすんでいたわけなん（の）ですよ。も（う）、とにかく家に帰るわけにもいかんちゅ（という）ことですね。

親友田中君の死　(1)

W　12日の明け方だったでしょうかね。まだ周囲は暗かったん（の）ですけど、もう電灯(でんとう)もなにも完全に設備がやられて（い）るもん（の）ですからねえ。真っ暗か（真っ暗い）、中にですねえ。なんか女の方が、お母さんらしい人ですばってんか（人ではないですか）。私が横になって（い）るところに近寄ってよって来られたっす（来られたです）よ。ほいで（それで）私の顔をこう、近々と見ながら、「あなた和田さんですか。」とおっしゃったん（の）で、「そうです。」て（といっ）た（ら）、私はその、お母さんらしい人に顔を近づけて見るとですねえ。なんと私たちと同じ学生運転手だった田中久男(たなかひさお)ですねえ、お母さんだったん（の）ですねえ。「わあ、田中さんのお母さん。」て（と言った）ところが、「田中久男が帰って来たから家まで来てくれませんか。」と、そうおっしゃったん（ので）す。その田中久男となあ（いうのは）その日まで行方不明だった12名の内の一人だったん（の）ですねえ。「やったあ、田中が生きとったばい（生きていたわい）。」、私はお母さんと一緒に彼の家まで飛ぶようにして走って行きました。も（う）

彼の家も半分以上はですねえ、潰れたようなかっこうだったん（の）です。彼の家の玄関らしいところにですねえ、畳が1枚敷いてあって、その上に人間みたいなのがこう、横に、寝て（い）るような感じだったん（の）ですよ。「おばさん、田中はどこですか。」て（と言ったら）、お母さんがローソクを持ってきて畳の上の人間らしいものをこう、指さされたん（の）です。私は急いでお母さんから、ローソクをとってですねえ、お母さんが指さされた畳の上の人間らしいものをこう、照らしちゃい（て見）ました。確かに人間でした。でも、田中かどうかまだよくわからんかったん（の）ですよ。で、もっかい（もう一回）ローソクをつけて照らして見ますとねえ、田中らしい人間の顔のほっぺたにごみみたいなもん（の）がくっついとったん（ていたの）ですね。思わず手をのばしてそのごみを払いのけようとした私の手が急に後ろに引っ込んだん（のですね）。もう一回ローソクで照らして見るとですねえ、ごみだと思って（い）たのは田中の左の眼球が半分飛び出して、ほっぺたにくっついとった（くっついていたの）ですよ。私はそれでもやっぱり反対側の目を見てみました。もう、完全に潰れたような状態でした。それでも、やっぱり親友（の）田中ですからローソクの光で、頭の方からずーっと全身（を）照らしてみたんですよ。確かに中学校の制服はきとった（着ていた）ですけどねえ。それが中学校の制服か田中の皮膚かわからんごと（わ

からんように）ですねえ。もう、ぐちゃぐちゃになっとって（なっているの）ですね。私（は）その姿をローソクの光で照らしながら見ながら、「わあ、田中やろう（だろう）かなあ。いや、人間やろう（だろう）かなあ」（と）そんな感じだった（の）です。そんなときですねえ、幾人かの仲間も集まってきまして、しかしそんな姿の田中を見ながらなにも、誰もなんにもいわんと（言わない）ですよ。そんなときになんか、彼の体が一瞬、ぴくっと動いたようだった（の）ですねえ。私は急いで彼の顔の方に私も顔を近づけてみたん（の）です。「田中、なんか言うたやなか（言うたのではない）か」、そんな感じだったん（の）ですねえ。で（それで）、確かに田中の耳の近くまでですねえ、破れたと言うよりも弾けた（はじけた）ような口から次のようなことばがですねえ、とぎれとぎれだったん（の）ですけど、はっきり私に、耳に聞こえてきたん（の）ですよ。短いことばだった（の）ですねえ。「僕はなんもしとらん（していない）。」、「僕はなんもしとらん（していない）。」、私はそんとき（そのとき）田中のその、「僕はなんもしとらん（していない）」（と言う）意味がよくわからんやったん（わからなかったの）ですねえ。で（それで）、彼はそのことばをふた声ほど途切れ途切れに呟（つぶや）いて、もう、体が動かんごと（動かないように）なった（の）です。どんなに揺さぶってもなんの反応もなかった（の）ですねえ。幾人かの仲間と相談しました。「おおい、どうも、田中が死んだご

とあっ（ようだ）ぞ。」と、「どげ（どう）するか。」（と）学生が言いました。「いや、班長、俺たちで一緒に田中を火葬にしてやろ（う）か。」と。も（う）しか（し）ほんと（う）に、そのときの周囲の状況、また異常な精神状態のためですねえ、誰もそれ（を）とめること（が）なかった（の）ですねえ。ほんな（それで）みんなねえ、田中をば（を）火葬にしてやろやっ（やろではない）かと。近くの壊れた家があります。材木をはずしてきます。やぐらのように、ずうっと積みあぐっと（あげると）ですねえ。で（それで）、その上に全身ぼろぼろというか、も（う）ぐじゃぐじゃになった田中を乗した（乗せたの）です。

親友田中君の死 (2)

W 「ほで（それで）この、班長、このグリスば（を）田中に塗ったりやぐらに機械油を振りかけるとはよう（早く）田中が燃えんばい、焼くんばい（燃えるわい、焼けるわい）。」そのときやっぱりその学生も異常な、あれだったん（の）でしょうねえ。ほえで（それで）私たちも田中の体にグリスば（を）塗ったり、機械油をやぐらの上から振りかけたりしたん（の）ですよ。「班長、マッチを持ってきた。」て（と言って）、私にやろうとするん（の）ですけど。「おお、いくら班長の私だって、も（う）田中に火はつけきれんば（い）（ようつけられないわい）。誰かつけてくれんかー。」

54

というたん（の）ですよ。誰も火をつけようとせんと（しないの）ですよ。それはそうでしょうね。2、3ち（日）前まで、お互いに励ましあってきた仲間ですよ。結局まあ、私が火をつけんといかんちゅ（いけないという）ことになりましてマッチをすりました。彼の体に、そしてやぐらにずうっとマッチの火をつけてまわります。小さい炎でしたけどねえ、だんだんだんだん、炎の色が大きくなってきますよ。赤い火も見えましたねえ。青い火も出てきました。やがて時間が経つにしたがってですねえ。やっぱ（り）、油をかけたりグリスを塗ったりしたからでしょうか。田中の体はやぐらもろともですねえ、ごおっと、すごい炎を吹き上げて燃え始めたん（の）です。私たちのすぐ2、3メートル前やった（だったの）ですよ。私は田中の燃えて（い）く姿を見ながら、ほかの仲間もそうですけれども、涙が全然出なかった（の）ですねえ。かわいそうだなあ、とか、そういう気持ちではなくして、ただもう呆然と立ってそのまま火をつけて、燃えるのを眺めているというそうい（うよう）な状態だったん（の）でしょうかねえ。あのときの人間の心理状態な（んて）どんなもん（の）でしょうか。やっと12時間近くかかったでしょうか、まあり（まわり）一面に田中の骨が、白い骨になって、ばら撒いたようになっとったん（なっていたの）ですねえ。彼は長崎県の西の方に、五島列島ちゅ（という）かなり大きい島があるん（の）ですが、そっから（そこから）

原爆60年の声　55

きとったん（きていたの）ですよ。戦争が終わった翌年の冬、正月明けだったん（の）ですけども、小さな、漁船の船頭さんに頼んで乗せてもらって、彼のふるさとの五島の方までその骨を持っていってやりました。

　浦上は原爆落下により、一番被害を被った。その爆心地は、今、夕日を浴びている。噴水に、虹が見えた。年老いた人が孫らしい２人に「水を求めてなくなったんだよ」と、大きな声で熱心に教えていた。その向こうで女子学生が一人、噴水へ向かってそっと手を合わせていた。

Atomic Bomb Voices of Nagasaki

The theory of destruction of all living things

Nagasaki, like Hiroshima, the streetcar serves as the "legs" of the working class. In both cities, they calmly run their courses through the busy streets. During his student years, Mr. Koichi Wada served as the driver for these "legs" of Nagasaki's everyday men and women. He was a level-headed young man of 18 in 1945. On August 9th, at 11:02am, he became one of the hundreds of thousands of victims of the atomic bomb. As one of those hundreds of thousands who survived, Mr. Wada is a living testimony. Without fear or shame, he tells his experiences, and through them a call for nuclear disarmament.

Mr. Wada's life has been irrevocably changed. His stories reflect this: finding himself in a place of utter destruction; being bathed an unimaginably terrible light and explosion; seeing his friend consumed in a storm of heat; finding bodies so completely melted that they were no longer human; quite simply, they paint a "portrait of hell." Moreover, they are a civilian's stories. Neither Mr. Wada nor his long-dead friend were soldiers; they were simple citizens of Nagasaki.

Wada Koichi's Testimony

In March of 2004, Mr. Koichi Wada spoke to me outside Uragami Catholic Church.

A Blinding Light

Mr. Wada (W) : That flash of light was first. The best way I can describe it is that it was like having around fifty or one hundred camera flashbulbs go off right in front of you. So, it was as bright as around fifty or one hundred flashbulbs in your eyes. It was so bright, I couldn't even tell what color it was for a moment. Hmm.

Mr. Imaishi (I) : And, sound? Was there a sound?

W: No. I don't know about any sound. What came with that light was a shockwave that destroyed all of the buildings. Yes, I was knocked cold for a moment. When I came to, I was on the ground somehow. That's what happened; my entire body was bathed in this bright light, brighter that fifty or a hundred flashbulbs, I was knocked cold, and when I came to I was somehow on the ground.

I: Hmm, I see.

W: Hmm. So I was unconscious for a while. When I

woke up, I was on the ground, and I couldn't get up under my own power. I wanted to just stand right back up, but the fact is I just couldn't do it. So after a while I started to shout for help. Finally, some of the other, less-injured student workers got me out, and we headed off down the back tracks. But while we went I looked around, wondering what had just happened and why. I had never heard of a bombing that was like this. I was so shocked I could only stare. Everywhere I looked, every single house had been reduced to rubble. It didn't make the slightest bit of sense to me.

A Little Girl, Alone In Hell

W: While I was unconscious, I don't know, maybe from one of the destroyed houses nearby, a small girl had made her way outside and sat down right in front of me. Her face and body were covered in blood. She was hurt something awful. I had to get her to a hospital right away. Those were my first thoughts, so I lifted her up on my back and took off for the nearest hospital. I ran as fast as I could. But when I got there, I couldn't believe my eyes; the place was already full of people. I didn't care bout that, though. I only cared about the little, blood-soaked girl on my back. So I pushed my way in and through until I found a doctor. Sure enough, he went about treating her. The problem was that there was no medicine in the hospital. What they did have was some mercurochrome, and tincture, some kind of white oil they kept in a can. So the doctor told me to go wring out a rag from the bucket, (which under other circumstances I would find completely unsanitary) and wipe off her face and body as best I could. The little girl's eyes were so big, I remember thinking. She couldn't have been more than five years old. I also remember the wounds on her forehead. It looked like she'd lost more than half of her skin there. But there wasn't any medicine. The doctor just poured that mercurochrome all over the wound and handed me a rag. "Kid, I want you to keep applying pressure to her forehead with this. We don't have any more space here, so take her over to the elementary school. It's being used as an emergency shelter." I lifted the girl up on my back again and took her to the elementary school. However, there was hardly any room left for her already; the other rooms were filled with all different manner of the wounded; from general burns to the worst kinds of cuts and slashes. I had no choice but to finally set her down in a corner of the gym. But through the whole time, even while her head wound was being treated, she never said a single word.

Rescuing Friends

W: Up until that point, I'd never even tried to imagine where I was as the neighborhood of Uragami, where I was just another streetcar driver. I couldn't believe that an atomic bomb had been dropped; I would never have even dreamed it. But what else could so completely destroy so many homes? By the sides of the road, or on the banks of the river, there were piles of bodies, burned human bodies. Walking through all that death and destruction, I think I lost it a little. I think all of my friends who saw what I saw lost it a little.

It was the 11th (of August), if I remember it right. I hadn't found any of my friends yet. I had made my way east, to the Hotaru-jaya streetcar terminal. When I got there, the other student drivers said, "The boss is alive! The boss came back!" That brought me back. I was the head student driver. As the head, I was responsible for 60 drivers and 20 conductors; what had happened to them? I decided to take a head count. The 20 conductors, all girls, were present and accounted for. Some of them were hurt, but all were alive. I told them all to go back to their homes, and then go as far away as they could with their families. As for the men, there were forty drivers in all, but twelve of them hadn't yet come back. No one knew where they might have gone.

The Death of my Best Friend Tanaka, Part 1

W: I guess it was the morning of the 12th. It was still dark, and all of the lamps inside had been destroyed. It was completely black. A woman, she looked like somebody's mother, came up to where I was laying. She stared at my face for a bit then asked me, "Are you Mr. Wada?" "Yes I am," I answered, and suddenly I recognized that she was the mother of Hisao Tanaka, one of the other student drivers. I was about to say "You're Tanaka's mother," when she interrupted, "Hisao Tanaka is at home right now, could you come back to our house?" Tanaka was one of the twelve people who had been missing. "Tanaka's alive?!" I was so excited I rushed to his house as if on wings. There was less than half of it left standing; it looked like it had been stomped on. In what looked like the foyer, a thin Japanese 'tatami' mat was laid out, and lying on the mat was what appeared to be somebody sleeping. When I asked his mother, "Where's Tanaka, ma' am?" She brought over a candle and pointed to the person lying on the tatami. I took the candle from her and rushed over to the tatami, shining its light down to get a better look. It was a person. But I couldn't tell if it was Tanaka or not. I brought the candle in close for better light and looked again. This time I noticed something, a piece of trash or some such, stuck on this person who was supposed to be Tanaka's cheek. Without even thinking, I started to reach out my hand to wipe it away; then suddenly I pulled my hand back. In the candlelight, I could see that it wasn't trash at all. Tanaka's eyeball was halfway out of its socket, and was stuck on his cheek. I looked at the other side of his face. That eye was swollen completely shut. It was a horrible sight. But Tanaka was more than a co-worker, he was one of my best friends. So I moved the candle so I could see not just his face, but his whole body. He had on his school uniform. I couldn't tell where the uniform ended and Tanaka' skin started. It had all run together, you see. As I took this in by the light of the candle, I kept thinking, "Is this really Tanaka? Is this really even human?" By then, the other students all had gathered round, but no one was able to say a single word. Just then, Tanaka's body gave a small jerk. I quickly moved up close to his face. I asked, "Tanaka, are you trying to say something?" It seemed like he was. And sure enough, I heard broken words coming from his torn lips (well, it was more "blown to pieces" than "torn") . He was repeating "I didn't do anything. I didn't do anything." I didn't know at the time what he meant. There he was, muttering it over and over, when he just went still. He didn't respond to anyone's touch or shake. I pulled the other students aside for a moment. "Hey, it looks like Tanaka's dead," somebody said. "What should we do?" Someone else responded, "Boss, let's all just set up the funeral pyre for him." Now, it might have been the circumstances, or it might have been that everyone was in such deep shock, but nobody thought the idea was in the least bit strange. So everyone decided we would burn the body. There was a destroyed house nearby. We got the wood from there. We stacked it up into a rough tower. And on top of that we put Tanaka's ruined and broken remains.

The Death of my Best Friend Tanaka, Part 2

W: "Here boss," someone said. "If you put this grease and motor oil on Tanaka and the tower, they'll burn faster." That whoever could say such a thing in complete seriousness was a pretty telling sign of how surreal everything had become. So we did it; we covered Tanaka's body with the grease and poured the oil on the tower. One of the students said "Here, boss, I brought some matches," and tried to give them to me. But I told them, "Look, I don't care if I am supposed to be in charge here. I just can't set Tanaka on fire. Somebody else do it." But nobody could bring themselves to do it. Of course they couldn't. As recently as two or three days earlier, he had been one of "the guys," working the same as all of us. So it was up to me. I struck the match. I touched the flames to Tanaka's body, then to different places all over the tower. They started out small, but gradually spread and grew larger. Soon enough, Tanaka's body and the wooden tower was completely engulfed in flames, in no doubt due to all the grease and oil we had used. We stood about two or three meters away. I remember the colors; I saw red flames and blue flames. Of course, I saw all of this over the entire duration of the fire. While watching Tanaka's body burn, none of us shed a single tear. We were in a state beyond grief or pity; we just stood there, lit the fire and watched it burn. I couldn't tell you what kind of state we were in, actually. We stood like that for almost 12 hours, until Tanaka had been reduced to a white scattered pile of bones. Now, I knew that he was from Goto Island, in the western part of Nagasaki Prefecture. In the winter one year after the war, after the New Year, I asked a small fishing boat to take me and his remains out there.

The place in Nagasaki that took the heaviest damage from the fall of the atomic bomb was the Uragami area. At ground zero, a fountain has been built; its waters refract the evening sunlight into rainbows. An old woman is telling her two grandchildren in a loud and passionate voice, "It's because the people kept asking for water." On the opposite side, a young woman facing the fountain touches her hands together in a quiet gesture of memorial. The scene moves me.

(3) 母と子で読む証言

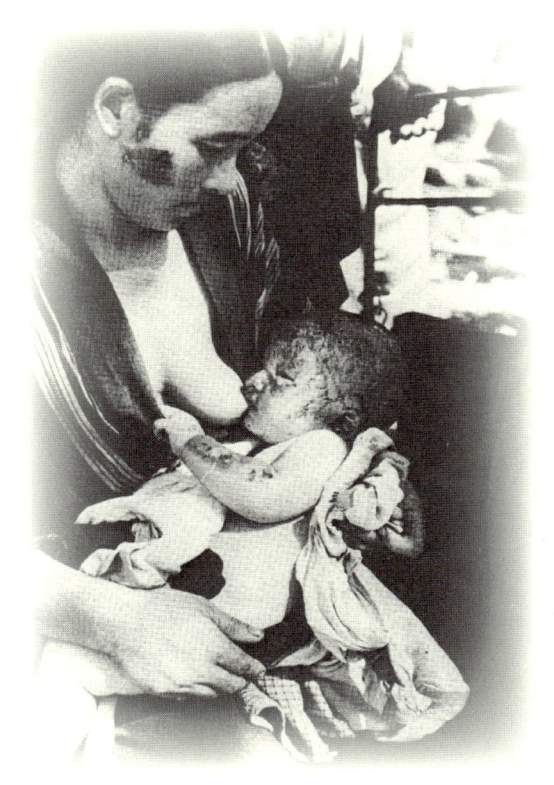

(広島・長崎　朝日新聞企画部編　草土文化)

Words for Mothers and Children:
Hiroshima Atomic Bomb Testimony

　Of the many tragedies to come out of Hiroshima and Nagasaki, the worst is its destruction of the "sense of humanity."

① 感情の喪失

ヒロシマとナガサキに共通する残酷さはいろいろあるであろうが、原爆は"人間としての感情"を全部剥ぎ取ってしまった。数々の証言はものすごい。「ハリネズミ」もそうである。燃えている制服を着たまま肩を組んで逃げまどっている。黒焦げの遺体をけ飛ばして逃げている。すべて人間を失った状態である。

② 悲　惨

2005年8月8日深夜0時ごろ、ふと目覚め、なにげなくテレビを見ていた。「8月9日は長崎に原爆が落ちた。それに関連した放送ではないか。広島も長崎も原子爆弾にやられて同じように悲惨を極めた再放送か」と、うとうとと思った。しかし、番組が終わりになるころ、つまり、深夜の1時に近いころ、私は急いで起き上がり、必死になってメモを取り出したのである。

乳を飲ませている有名な写真、あの若いころのお母さんが、1995年の放送に出ていたではないか。「田中キヲ」さんであった。その"キヲ"さんは、「子供はどの子もかわいい。原爆で生後4箇月のヨシヒロは茶の間で、吹き飛んだ。あわてて抱き、乳をのませた。その後、死んだ。」と語っていた。

再放送の最後は、四田シヅヨさんであった。当時20歳、子を背負い、なべを持つ、呆然としたすがたの人であった。やけた父

の頭、ご主人の足をなべに拾い集め、義理の妹はどこであろうかと探していた。

　放送を見た朝、すぐさま秋山和平さんに電話でたずねてみた。「平和アーカイブス」の番組を見た、あのときの写真家の名前は？　などと。

　秋山さんは、丁寧に、次のように教えてくださった。

　川口市SKIPシティーの中に映像の永久保存版がある。しかも、ただでみんなに公開している。月曜は休館であるが、開館は9時から17時までである。400本あまりの原爆映像が納められているので、一度そちらで聞いたらどうであろうか。

　後日、長崎の和田耕一さんに、「田中キヲさんにお会いしたいが、……」とお願いをしてみた。田中キヲさんのお声を永久に保存しておきたいと思ったからである。ところが、「絶対に会わないだろう。ご高齢の上、すっかり、マスコミ嫌い、人嫌いのご様子だ。」と言われ、残念ながら、断念している。

③　暗黒の時代

　誰でも青春や少年・少女の時代があった。華やいだことがあった。五感も敏感に働き、心もよく働いた。そんな時、前触れなく、災いが降ってきた。突然、広島や長崎へ降ってきた。少年・少女の時代がとてもかなしいものに一変した。原爆は、幸せをい

とも簡単に奪い取った。しかも、混乱と暗黒の時代へ追いやったのだ。

● 建物疎開に出ていた第二県女の生徒が運ばれてきた。無残な姿となった生徒たちを並べ、氏名、住所、電話番号、血液型を書いた紙片を頭上に置き押ピンで留めた。頭髪は逆立ち、皮膚のほとんどは火ぶくれ、衣類は半分以上焼けこげて親が見ても判別しにくい有様なので、苦しい呼吸をしている生徒をはげまして聞き出した。手当てをしたくても薬がない。（千葉佳子・女専20期国文・17歳の時に広島で被爆・現在広島市在住）

● 虫の息で、水、水、水を……とあえぐのを聞きながら、水をのませたら死ぬと誰かが言いはじめた。こわれた水道管からあふれる水を湯のみ茶わんにすくい、私は今にも死にそうなのに思いきり飲ませてやりたいと抱き起こしては飲ませた。（千葉佳子・女専20期国文・17歳の時に広島で被爆・現在広島市在住）

● 皮の下は、ずるずるに光っていた。「痛いよお、痛い、痛い。」「水をちょうだい、早く、早く、早く。」「お母さん、助けてえ。」と、看護婦さんの手を、必死につかもうとしている。（重楽芳子・第二県女卒女専20期生活・16歳の時に広島で被爆・現在東広島市在住）

● 前庭の植え込みに坐っていた。背中がとても痛むので、女専の生徒さんに見てもらった。ガラスがささっていると言って、

取って下さった。(池野寿子・第二県女2期・15歳の時に広島で被爆・現在広島市在住)

● 放送局の玄関前には、大勢の局員が倒れていた。近くに、若い女性が赤ちゃんを抱いて立っていた。全身燃えながら。翌朝、局の前を通ったら、局員の姿はなく、黒焦げの母子が倒れていた。(朝日鈴子・女専7期国文・33歳の時に広島で被爆・現在東京都府中市在住)

● 二階は潰れて窓ガラスも吹き飛んだ。「節ちゃん」と大声で呼んだら、妹がぬっと現れた。生きていた！(天野瑩子・第二県女1期・17歳の時に広島で被爆・現在広島市在住)

● 肉親に会えた、運がよかったと、何とも極まりない不条理なことか。(柳原綾子・女専22期生活・14歳の時に広島で被爆・現在広島市在住)

● 哲学、詩、万葉集、短歌のノートと文庫を、私の本と一緒に疎開してくれ、と頼んだ学友は帰らず、教科書と共に今でも私の書架に並んでいる。学友の本を取り出すには今でも勇気がいる。(安原静子・女専16期国文・21歳の時に広島で被爆・現在広島県福山市在住)

● 横川駅で命絶えた母親の乳房にさばっていた乳児、火傷がひどく離婚させられた人、足を失い結婚できなかった人、60年経った現在でも、原爆の事は思い出したくない。(岡本多鶴子・女専20

期生活・16歳の時に広島で被爆・現在広島市在住)

● 死の淵をさまよっていたが、奇跡的に元気になった。最近、ようやく病院通いから開放された。青春時代も過ぎ去り気がつけば、70歳を越えていた。(大前昌枝・第二県女5期・12歳の時に広島で被爆・現在広島市在住)

● 頭の小さい子だったらどうしよう。不安だった。どうしても、子供が産めなかった。そんな時、近所の老人から「あなた、自己中心に考えてはいけませんよ。生命を、そんなふうに粗末に考えてはいけませんよ。」とたしなめられた。(切明千枝子・第二県女2期卒女専21期生活・15歳の時に広島で被爆・現在広島市在住)

The Age of Darkness

In everyone's life there is an age of youth. There is an age for romance. It is a time when one's senses are sharpest, and passions are at their keenest.

Suddenly, without warning a disaster strikes. It falls onto Hiroshima and Nagasaki. An entire generation's age of youth is twisted into one of despair. Their happiness is snatched away from them in the barest instant. And there they are left, forced to live in an age of darkness.

● The students from the Second Prefectural Girl's High School were brought back from damage control detail. The students who had been wounded beyond recognition were laid down in a line, and a paper with their name, address, telephone number and blood type was pinned to the ground above their heads. The parents, themselves unrecognizable due to their burns and charred clothing, were wandering around trying to comfort the wheezing and suffering girls. Even though we all wanted to treat the wounded, there was no medicine. (Yoshiko Chiba, age 17; still living in Hiroshima)

● Amidst all the weak voices gasping for water, someone began to say that if you drank the water you'd die. "It's not about survival; it's about comforting the dying," I thought, filling a cup with water from a broken line and helping people drink.　(Yoshiko Chiba, age 17; still living in Hiroshima)

● They were burned so badly it looked like their bodies were glowing. "It hurts so much, it hurts, it hurts!" "Please give me some water, quickly, quickly⋯" "Mother, help! Help!" filled the air as everyone tried to reach and hold onto the nurse's hands. (Yoshiko Shigeraku, age 16; currently living in East Hiroshima)

● I was sitting in the front garden. My back was in terrible pain, so I asked one of the Women's Academy students to take a look at it. She said there was a piece of glass stuck in my back, and she took it out for me. (Hisako Ikeno; age 15; still living in Hiroshima)

● A large number of radio station staff had fallen down in front of the station's main entrance. A young woman stood nearby, holding a baby. The woman was burning. The next morning when I passed the station, the bodies of the staff were gone, but the blackened remains of the mother and child were still there. (Reiko Asahi, age 33; currently living in Fuchu City, Tokyo)

● When the second floor fell, all of the windows' glass exploded. "Set-chan!," I cried out my sister's name; and then there she was, with a blank stare in her eyes. She was alive!

(Keiko Amano, age 17; still living in Hiroshima)

● That just being able to meet your family would be considered the best of luck; it sounds almost totally absurd. (Ayako Yanagihara; age 14; still living in Hiroshima)

● Friend from school asked me to put her philosophy, poetry, Manyoushu and tanka verse notes into my textbook for her safekeeping. I never saw that friend again. I have that textbook in my bookshelf now; just taking it off the shelf is an act of bravery for me. (Shizuko Yasuhara; age 21; currently living in Fukuyama City, Hiroshima)

● There are many things I can still remember about the bomb that I don't want to: people who couldn't get married because they lost their legs; couples divorced because of the severity of their partner's burns; a baby suckling at the breast of its dead mother near Yokogawa Station. (Tazuko Okamoto; age 16; still living in Hiroshima)

● I had been on death's door, and then miraculously, I started to feel better again. I had finally been freed from my constant trips to the hospital. In other words, I began to feel my "youth" ….at better than 70 years of age. (Masae Omae, age 12; still living in Hiroshima)

● What would I do if my child would be microcephalic I was so worried. I ended up not having any children. It was

then that an elderly neighbor of mine said, "Stop being so self-absorbed about it! You can't use such a line of reasoning to deny a child his life!" It was a very humbling statement.
(Chieko Kiriake, age 15; still living in Hiroshima)

広島市全景
Panoramic View of Hiroshima City

比治山における解説図
City Landmark Map at Mt.Hijiyama
(Hiroshima)

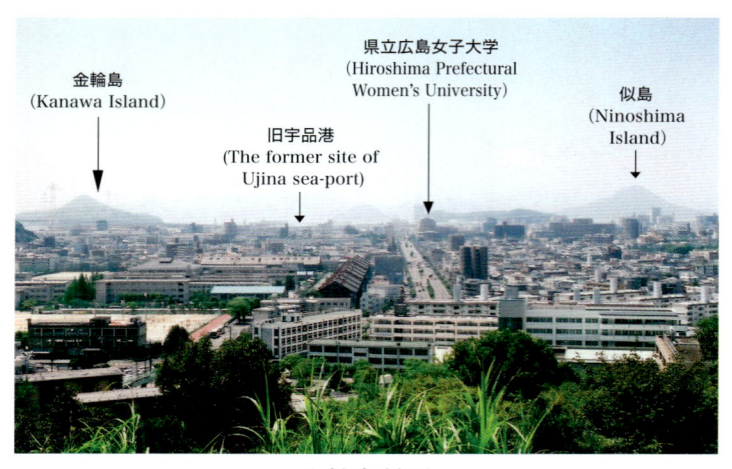

金輪島
(Kanawa Island)

旧宇品港
(The former site of Ujina sea-port)

県立広島女子大学
(Hiroshima Prefectural Women's University)

似島
(Ninoshima Island)

金輪島付近
Near Kanawa Island

県立広島女子大学
Hiroshima Prefectural Women's University

ヒロシマの証言

(1) 私たちの原爆（肉声の CD 付）

　現在の県立広島女子大学よりも前、広島女子専門学校（数学科）20期卒業生、村上凡子（むらかみなみこ）さん（1945年8月6日、8時15分、被爆当時16歳）の肉声（2005年7月、県立広島女子大学の今石の研究室で学生2人へ体験談を語る）をDATの録音機で収録した。涙なくしては聞けない、とても、悲しい証言であった。

　村上さんの証言は、被爆直後の広島が、まるでカラー付の記録映画でも見るが如く活写されている。たとえば、はじめの「きのこ雲」がそうであろう。そして、村上さんが語った光景は、残酷（ざんこく）極まりない地獄である。村上さんの話しが終わりになるころ、関西弁のイントネーションも飛び出すなど、こらえきれない、村上さんの深い深い感情をうかがうことができる。（文字化は田中弘美氏の尽力に負うところが大である。）

閃光（せんこう）と爆風

　M（村上）　ちょうど、ねえ、あのー、学校が、ね、8時に始まって、で、あのー、講堂でいつも、ね、あのー、朝礼があったん（の）です。で、朝礼のときの校長さんが壇（だん）に上がってー、一応訓示をなさるわけですよね。で、その、それが終わったとき

ヒロシマの証言　　*81*

だったん（の）ですよね。校長が、あの、壇から下りかけようとなすって、あたしたちは、あの、起立して、そしてお辞儀をして、で、校長が壇から下りかけられたときに、あのー、北側の、窓でね、ピカッと光ったわけ。あたしたち（わたしたち）呆然と、まぁ、立って（い）て、それが、ねぇ、あの、まだ入学して日も浅いですしねえ。だから、あのー、昔は写真を撮るの、フラッシュを、ね、マグネシウムをたいてフラッシュ、ぼっとたいて、ね、その光と同じような光だった（もの）ですからね。写真でも撮ったのかなぁと思ってぼやーっと立って（い）たら、そしたら、先生が、「はやくふせなさいー」って（と）言われて。で、その椅子の下へ、ね、みんなもぐりこもうとしたわけですね。そのまえに見たら、やっぱり、ねぇ、あの瓦とか、ね、トタン屋根に、まぁ、あの、小屋なんかにして（い）るトタンが、ね、ひらひらっと横に飛んでいくのが見えたん（の）です、よ。窓の外でねえ。で、あのー、ま、先生のお声を聞いてみんなもぐりこんで。（そう）したら、講堂が少し、ずーっと傾いてきたわけですよね。いっぺんにガシャッときたん（の）じゃなくてね。わたしたちは、もー、しばらくじっとして。そしたら、また今度誰かが、「はやく外に出なさいー。」って（と）言われて、で、あのー、外に出たわけです。もー、傾きかけて（い）るのを、もー、こうね、押し、押し分けながら外に出て。でー、そのころの女専は、ね、あ

の、木造校舎で、校門（へ）入ったところに築山があって、で、あの、校舎が建って、玄関があってね。校舎があって。で、校門を入って左側に、あのー、ちょっとした池があってね。そこに防空壕っていうのを、ね、掘ってあったの。掘ってて、あの築いてあったん（の）です。で、みんなそこへ、まぁ、あの、大急ぎでね、入り、入って、まぁ、どのくらい時間がたったのかはわからないけど、ま、あのー、「みんな集合ー。」（と）いう先生の声でまた外へ出て、で、そのときに、あの、きのこ雲を、見たわけです。もー、それは、ね、あの、朝からもうほーんとに、真っ青な空でね。雲ひとつない、もー、もー、真夏の空でね。そこへ、こう、もくもくっと、こう、上がっていく雲がねぇ。もー、色々に色が、こう、変わるわけですよ。あの、灰色からピンク色になり、オレンジ色になり、薄い紫色になりと、もー、こう、もくもくっと上がっていくそれが、こう、ね、色が変わって、「うわー、何あれー、きれいね。」とか言ったりしてね。で、もー、それは、ま、きのこ雲って（と）いうのは、もー、もっと後になってからねぇ、しったん（の）で、で、「いったい何事が起こったんだろう。」って（と）言って（い）たんですけどね。で、まぁ、みんな集合して、そしたら、もー、やっぱり、ガラスの破片とかで怪我をしたりねぇ、あたしたち（わたしたち）なんかでも、もー、頭の中とか、腕のこんなところとか、この、今でもこれ、あります

ヒロシマの証言　*83*

でしょう。ガラスの破片で切ったね。

(学生　講堂の窓の？)

　　M　そうでしょうね。講堂の窓か、そのガラスの破片だけじゃなくって、ま、あの、木のねえ、端とかそんなところで、みんな、なんかあちこち血を流して。で、あの、ま、集合して、そして、点呼（を）とって。で、まぁ、だれそれがいないとか言って、ま、探しに行ったり、して。で、その後先生が、ね、あのー、もー、大変なことになって（い）るから、なって（い）るみたいだから、とにかく……。んー、3年生が、そのー、広島の各軍隊に、事務の、ね、あの、仕事にみんな行って（い）たわけ。で、あのー、方々に連絡を、あのー、「一度様子を見て来い。」（と）いうことでね。あの、連絡しなさいって（と）いうことで、ま、あたし（わたし）ともう一人（の）お友達（父が樺太で教師をしていたので樺太から来ていた）をね。あのー、女専の寮へ、さっき言って（い）たでしょう。寮ね。あの、日赤の寮と隣り合わせの寮があったん（の）です。女専の寮ね。そこへ、あのー、連絡に行かされて。で、ま、ちょっとこのへん、赤チン（を）塗ってもらったり、ガラスの破片（を）、こう、抜いてもらったりしてね。で、も、大した傷じゃないから、でー、ま、あのー、女専の寮へ行ったん（の）ですけどね。

直撃を受けた人々の避難

M あのー、女専の寮って（と）いうのは爆心地に近いところだから、みんな、逆の方向、宇品へ宇品へ、こうね、歩いてくるん（の）です。あたしたち（わたしたちは）逆行して、ね、それに、まぁ、行ったん（の）ですけども。その途中で出会う人は、もー、ほんとに満足な人はいないん（の）でねぇ。で、もー、顔の、あの、顔が、皮が、べろんとめくれて、ね、このへんに暖簾みたいに皮膚がぶらさがって。もー、顔は、も、赤い、その、肉が出てね。あの、で、手なんかでもこのへんは、もー、それこそ皮膚が破れてぶらぶらっとこうぶらさがって、皮膚が。で、も、熱いもん（もの）で、もー、どうにもできないからこんな格好したりね。こんな手を前に出したり。も、鳥のようにこう、手を横にね、上げて。もー、いっぱい向こうから来るん（の）ですよ。中には、も、あの、このへん、なんかやっぱり破片でやられたのか、して、もー、ち、血が、噴き、噴出してるのに、ねぇ、そのままの姿でねぇ。もー、女学生の１、２年生ぐらいのかわいい、おかっぱ頭の子なんかでもねえ。もー、恥ずかしいじゃないですか。こんな、こんなところが破れてね。びりびりになって胸が出る（と）いうのはね。でも、も、そんなことは、もー、全然、ねぇ、気づかずに、もー、ただうつろな目をしてね。みんな向こうから歩いてくるわけ。お母さんでも、赤ちゃん（を）おんぶして。赤ちゃ

ん（は）、もー、たぶんあれ（は）死んで（い）ると思うのね、頭、もー、このへんは、もー、真っ黒に、も、あのー、なんていうの、皮膚が、もー、真っ黒になってね。でもー、頭をこう、布、あの、ひもでこう、しょって（い）るけど、頭がぐらんとこんなになって（い）るのを、お母さんは、まぁ、赤ちゃん（が）、ねぇ、その死んで（い）る、って（と）いうこと（が）分からないで、も、赤ちゃん（を）おんぶして、ねぇ、一生懸命歩いてきたりねぇ。それも裸足で、ねぇ、血を流しながら歩いてきたり。それから、もー、あのー、小さい子でもお母さんに手を引かれて来る子もあれば、もー、あのー、軍人なんかでも、あのー、軍刀の鞘がね、割れて、で、このへんから、もー、大腿部から血が流れ出て（い）るの。もー、それも、その人だっておそらく放心状態だと思う。そんな人らが来たりねぇ。まぁ、それはそれは、も、いろんな、もー、火傷をした人とか怪我をした人がね、歩いてきて。

児童の被爆

M　あたしたち（わたしたち）は御幸橋のところまで来たら専売公社が、昔、専売局って（と）言うのがあって、そこの、あの門の前でみんな、防火水槽って（と）いうのがあってね、あのー、それまではよく、日本は木造建築でしょう。だから、焼夷弾って（と）いうのを、ね、あのー、それを燃やすための、あの、爆弾

が多かったわけ、ね、焼夷弾って（と）いうの、ね、そんなの。で、それを、そのー、落として（い）たもん（もの）ですからね。で、広島の街も、もー、あの、ま、日本全国（の）主要な都市はおそらく、どこもやって（い）たんだろうと思うん（の）ですけど。あのー、日本のこう、な、3軒、5軒長屋（ながや）とか、こうねえ、長屋（と）いうのがあるじゃないですか。今、一戸建ち（て）じゃなくってねえ。そういうその、ところの、ね、あのー、ま、5軒長屋があったら、次の次の5軒長屋の2軒ぐらいを壊して、その、なんて（と）いうの、火が燃え移らないようにするための、ね、空き地をつくるわけね。そういうのを家屋疎開（かおくそかい）って（と）言ってねえ、家を壊（こわ）す、壊して、で、その、ぼ、防火って（と）いうの、あの、延焼（えんしょう）を防ぐためのね、あの、そういう、あのー、ことを、やって（い）たのね。で、それー、それで、中学校の1年生と、に、おそらく2年生もそうじゃないかと思うん（の）だけども、その人たちはね、それにかり出されてね、家を壊しにね、あのー、行って（い）たわけ。で、もー、そんなの、人たちはね、あの、雑魚場（ざこば）って（と言って）今、今なんていうん（の）ですかねぇ。雑魚場と言うところ。

（今石　あの、雑という字と魚、ねぇ。）

　M　魚。で、ま、雑魚場って（と）いって。そこいら（の）そういう作業をねぇ。中学生も女学生もみんな動員されて。

ヒロシマの証言　87

動員学徒の塔
Memorial Tower to the Mobilized Students

(学生　子供たち……)

　M　だから、子供ですよね。まだじゅう、じゅう……小学校上がって中学生になるでしょー。女学校中学校（と）いうたら、13歳、4歳ぐらいですかー。そんな子供たちが、もー、みんな行かされた。でね、そ、もー、炎天下でやって（い）る人たちは、ね、あれは、放射能を受けたときに、ま、あの、原爆が落ちたときの、その放射能って（と）いうのか熱線です、ね、熱線で、あの、皮膚を焼かれるわけね。で、その影になって（い）る、紫外線の当たってないところはね、皮膚が焼けないのよ。それは、もー、ほんとにそれははっきりして（い）て、ね、男の子はこう帽子

（を）かぶって（い）るの、昔はね、こうひさしのある、あの、ここだけひさしのあるね。
（学生　野球帽みたいな？）

　M　そう野球帽みたいな。ああいうのがね、あのー、昔の中学生のね、あの、制帽だったのよ。そしたらね、ここをずっとこう帽子をかぶって（い）るその、かぶ、かぶって（い）るここん（の）とこ影が、上から光があたるから、影になって（い）る。その、こうきれ、きれいにね、もー、影のとおり、その下が、もー、ずるんとめくれてね。皮膚が、もー、ぼろぼろになって。それから、あのー、黒い服をね、あのー、あたしたち着さされて（い）たの。というのは、ね、あの、白い服を着ると、あのー、飛行機に乗って、広島はね、あのー、いわゆる艦載機って（と）言って、航空母艦に積んで、あの、積んできた飛行機がね、あのー、機関銃で、ね、あの、ばらばらっとこう打ちにくるわけ。それは、もー、人を狙ってくるから、ね、あの白いと目立つから、だから、白い服は、もー、着ないように。だから黒い服、あたしたちは、だから、女専入ったときは、ね、あのー、紺、紺色の、服を、ね、制服で、ね、あのー、着て（い）たわけ。そしたら、もー、それこそ外に出て紫外線に当たって（い）る人は、もー、紺色の服、黒い服を着て、紫外線（を）吸収するもん（もの）だから、それも、もー、焼けてぼろぼろになるしね。そういうふう

ヒロシマの証言　　89

な状態で、外でやっぱり作業したり、それから、ま、道を歩いて(い)た人なんかは、あのー、おそらくその、日が当たって(い)るから、当たって(い)る部分はもう火傷して、もー、皮が……っとめくれてね。それから、もー、水ぶくれになって、このへんでも、男の子は熱いから、あのー、外で作業するのにランニングシャツとか、ね、袖のないこんな、ね、シャツとか、裸になってる子もいる。そんな子らは、もうほーんと(う)にひどい。も、ずるんとめくれたりね、それからめくれないにしても、このへんにちょうど、もー、氷嚢(を)ぶらさげみたいに、水がたまって、こんなに、皮膚の下に水がたまって、こんなに、あのー、なってね。んで、ぶら、それ(を)ぶらぶらしながらね。いっぱいそんなのが歩いてくる。で、あのー、御幸橋のちょうど、あの、上(に)、来たときには、ね、あれ満潮だったん(の)ですかね。あの、火傷して熱いからみんな水の中に入りたいし、水を飲みたいわけね。だからね、あの、あそこの土手のところ今は護岸工事して(い)るのかな、まだ自然のままのあの、土手だったですからね。だからそこをずーっとおりてきて、もー、あの、もー、それが蟻の行列みたいに、もー、いっぱいずーっと、こー、もー、途切れることのないほどね、ずうっと、ま、歩いてきて、そして水の中につかって、死んだ人がね、もー、川の上にいっぱい、こう浮いて(い)る。もー、本当に川の面が見えない(と)いうぐ

らい、大げさに言えばね。あのぐらい、もー、ぷかぷか浮いて（い）るのね。そんな状況も目に入って（い）ても、もー、頭が真っ白だから、もー、自分じゃいったいなんかわからない、もー。それ（を）見て（い）ても、見て（い）てもおそらくその、認識はできないと思うのね。ただ見るだけね。それから、もー、おそらくいろんな、もー、音もいっぱいして（い）ただろうと思うけど、それも、も、何にも音のない世界を自分たちは、もー、こう、何にも考えないで、その、ただ寮へ寮へ寮へ、寮へねぇ、行きなさいって（と）言われたから、もー、それだけが頭にあって。

痛ましい惨状

M　途中で、ま、女の子に「お姉ちゃーん、助けて」って（と）いって女の子に言われたこともあって、もー、ほんとにかわいい女の子だったけども。も、血だらけになってね、どうしてあげようもないし、あのー、向こう、ちょ、ちょっと待ってって（と）言って、軍用のトラックにいっぱいやっぱり、あの、怪我をした人を乗せて（い）るのをとめて、ね、その子を乗せて、もー、「お願いします」って（と）乗せて、ね、あげるぐらいが関の山でね。そのくらいは、ま、考えることはできても、もー、後はもう全然ね、目に入らないし。ま、そんな状態で、ずっと歩いて行って（い）たんですね。で、市電も、もー、あの、そのまま止まって

市電の中に乗って（い）る人もたくさんそのまま死んで（い）るしねぇ。で、市電から転げ落ちて道端で死んで（い）る人もいるし。それから、ま、馬なんかもね、そのころ、ま、ガソリンがないから自動車なんていうのは、もー、軍が使って（い）るだけで、あんまり民間には、ね、なかったから、ま、バスなんかも木炭自動車があったのかしらないけども。あのー、荷馬車が多かったの、広島はね。あの、なんか車を引いてね、馬に引かせて。そんな、くる、車って、ま、分かる？　荷馬車って（と言って）。こういうふうな、あの、車輪が、こう、4つついて（い）て、ね、で、ここ、馬、馬にこう引かせる木がついて。んで（それで、）そ、そこにいっぱい荷物を積んでね、そういう荷馬車で、あのー、物を運んだりして（い）る、あの、することが多かったみたいでね。その馬が、もー、倒れて、もー、体半分火傷してね。もー、毛、毛がちりちりになって真っ黒になってね。それでもやっぱり、馬は、やっぱり、自分はその荷物を運ぶ、そういうふうに教育されて（い）るから、ま、それ、それが、使命だと思って一生懸命、もー、立ち上がろうとするん（の）だけどねぇ。でも、馬が、あれ、も、泣いて（い）たんじゃないかなと思うくらい悲しそうな眼をしてね。あの、なんか、涙でも流して（い）たんじゃないかしら。とにかく、もー、起きよう起きようとして（い）る姿とかねぇ。まあ、犬なんかでも真っ黒になって死んで（い）るし。

それから、まぁ、一番印象、そのときに印象に残ったのはね。あの、男の子が道端に、こう、座ってね、もー、ものも言わないで手だけ、こう、起こしてくれって（と）いうん（の）でしょう、ね、もー、あの、立ち上がらせてくれっていうん（の）でしょうけど。あの、手をこう、伸ばして、もー、人を呼ぶわけね。人はみんな逆の方向に行って、あたしたちは反対の方向に行って（い）るからね。ちょうどその男の子の前に来たときに、こう、目が合ったもん（もの）だから、その子の手をきゅっと握ってね、起こしてあげようと思って、あの、立ち上がらそうと思って。あのー、そりゃも、力がないから、なかなか自分の力で立ち上がれないでしょー。それで、その、手を握ってこう、ひっ引っ張ったらね、皮がずるっとめくれてねえ。手の。で、も、ちょうどゴム手袋の、あの、薄いゴム手袋（が）あるじゃないですか、あれ、あの手袋をね、あたし握ったような感じで。その、その男の子の皮を、手の皮を握って。
（学生　手首ぐらいから？）
　M　うん。も、この辺くらいから、めくれてねぇ。でも、あたしも、もー、どうしよっ（う）かな、と思ったけども、もー、だっこしてあげることもようしないでねえ。で、もー、自分は、やっぱり、そっち行かなきゃいけないって（と）いうん（の）で、じゃー、待って（い）てね、とか言ったのか言わないのかそれも

ヒロシマの証言　93

記憶にないん（の）ですけどね。あのー、も、その子の皮だけ握って寮の近くまで歩いてきて。ま、とにかく、そういう、その、火傷して皮がめくれて、もー、ほんとに暖簾みたいにぶら下げて歩いてくる人の状況とか、それから血が、も、ばっと、こう、やっぱり、噴出すわけですよね。あれ、もう、動脈が切れたのかなんかね。どっかでおそらく出血多量で、あの、死ぬん（の）だろうけども。そのー、噴出して（い）る、そのまま、やっぱり、あの、歩いてねぇ。ただ、もー、とにかく、その人たちは、ま、一点だけ見つめて、宇品へ宇品へという意識はあるん（の）でしょうねえ。みんな、もー、そっちのほうへねえ。で、顔をお互いに見合す人もないし。うーん、そういう状態で、ま、歩いてきて（い）ました。で、あたしたち（わたしたち）は寮の近くに行ったときに、寮監の、あのー、先生と会ったん（の）ですよね。で、あたしは、ね、その、まさかと思ったん（の）だけども、顔が半分ゆがんでね、で、このへんに、も、あの、耳の穴でも、もー、その、寮のおそらくあの、壁土でしょうね、それが、もー、ざーっとここへ、もー、入ってね。でも、顔がこんなに腫れて（い）る先生がね、あたしの、あたしと一緒にいた人は国文科の人で、その人の名前をね、あの呼ばれて、で、ええって（と）言ったらその寮監の先生で。で、もー、寮に行ってもね、全壊で火が、もー、回りかけて（い）るから、も、行ったって、無駄っ

て（と）言われて、でも、どうしようかなって（と）思ったけども早くもう、早く逃げないともう火がどんどんね、迫ってくるから。でも、もうちょっとまぁ、もうちょっと行こうかって（と）いうことで、もー、ちょっと行ったん（の）ですけどね、もー、倒れてね。家がた、もー、あのへんはもうほんとに倒れて。で、火がもうどんどん迫ってくるし。もー、その、柱の下からね、屋根が、こう、落ちて、こう、倒れて、落ちて（い）るその下から、これくらいほど手首だけ覗かせて、あの、「助けてー」って（と）いって（い）る声は、もー、ほんとに、聞こえないようなん（の）ですけども。手を振ってるのね。でも、そんなの（を）、たくさん見たけどもわたしたちの力じゃどうすることもできないしね。もー、ほーんと（う）に、そりゃ、もー、そのときは、もー、自分自身でも後から考えたら、まあ、ほんとにあのときはあたし（わたし）は、もー、悪魔かなんかだったんだろうなぁと思いますよねぇ。そのときは、もー、そんなことも何にも考えなしに、ただ、先生に言われたことを、仕事をしてそして学校へ帰ってて（と）いうその意識だけしかないから、ほんと（う）だったらそんなねぇ。今だったらそんなの（を）見過ごして知らん顔して帰ってこられるのかなと思いますけどね。そのときは、やっぱり、もー、鬼になって（い）たんでしょうね、おそらく。自分自身がねえ。だから、その女学生とか、その小さい、も、小さい子は、

ヒロシマの証言　95

あの、帰り（に）見たときには、もうばたんとこうね、倒れて（い）ましたから死んだん（の）でしょうねぇ。だから、まぁ、ほんとにあのときはやっぱりわたしたち自身も、まぁ、も、地獄のような状況の中で自分自身が、やっぱり、鬼になって（い）たのかなと思うような。今から考えたらね。
(学生　状況が……)

M　状況ですよね。ほんと（う）に、もー、何も、こう、理性では、もー、全然、判断できないようなことをやって（い）たみたい。

女専の校舎半壊

M　で、まぁ、その、それから、もー、しょうがないから、もー、学校へ帰ったん（の）ですけどね。学校はその、講堂があって、コの字型にこう、本館がコの字型にあって、ね、で、ここが玄関、二階建ての校舎だったん（の）すよ。木造校舎でね。で、あの、一番、んー、端の校舎は、あの北側の校舎は講堂があって、その次の校舎はちょっと倒れかけて、もう二階はのぼれない状況で、下だけが、ま、使える。そこへみんな、あの、来た人たちをね。床に、こう、ずっとこう、寝かせて。それから、あの、コの字型の、この、玄関があってこっち側に校長室が。あの、んーと、事務室があって、そして、えー、来賓室があって、

それから校長室が一番端にあったん（の）ですかね。で、その校長室の前から、こう、あのー、東の方、むいて出て（い）る校舎の、校舎は、物理と化学の実験室がこう並んで（い）て、で、ま、研究室もあったりして。それから一番端の校舎は、あのー、家庭科の、あのー、お料理の実習室なんかがあって。で、そこは、もー、あのー、そのまま使えたんでね。あの、机をこう並べ替えて、で、その上に軍隊から支給されて（い）た毛布を、ね、敷いて。で、その上に、もー、人を……っと並べる。もうほんと（う）に隙間なく並べるっていうのはそういうことでしょうね。もー、それも、もー、あのー、火傷した人とかね、火傷した人が、もうほとんどでしたけどね。もー、このへん（が）ずうっとめくれてね。で、ま、その日は、も、そんなん（の）で、もー、みんな来るのを、もー、それこそ、そこへ連れて（い）って、寝かせて寝かせて、そういうふうな、あの作業をね、あのー、寮生がしたわけ。で、その、そのころね、あのー、軍隊の、あのー、軍隊が、どういうわけか、私は分からないん（の）ですけども、あのー、5、6人、1班2班て（と）いう、軍隊の組織（と）いうのは、1個小隊って（と）いうのがあって、何人編成か知らないけども、で、1個小隊が、いくつかの班が、に分かれて（い）て。で、その小隊がいくつか集まって、1個中隊になり、その中隊がいくつか集まって1個大隊になる。ま、そういうふうな組織だった

の。で、あのー、その班、1班の、あのー、兵隊がね、兵士たち、だから、ま、位の、ちょっと言っても分かんないだろうけども、2等兵っていうのが一番下なのね。それから、1等兵っていうのがあって、それから上等兵（と）いうのがあって、それから次はあの、伍長って（と）いうのがあって、ね、それから軍曹って（と）いうのがあって、そしてその上に准尉って（と）いうのがあった。で、その上からが将校なのね。あとはだから兵士なの。いや、准尉から将校なのかな。なんか（よくはわからないが）、とにかくそんなん（そのよう）でね。その兵士たちが、あの、学校にね、駐留して（い）た。各学校にだと思います。あの、小学校や中学、あの、小学校や、ね、中学校女学校は知りませんけどね。専門学校、高等専門学校には、そういう人たち（が）駐留して（い）て、で、あたしたち（わたしたち）も、あのー、寮の、寮に、あの、入って（い）る生徒は半分ずつ、ね、交代で学校に寝泊りするグループと、寮で寝泊りする人と。で、こ、交代でね、2週間毎……それはちょっとわかん、忘れたけども。私はたまたまあの、学校にその時、原爆が落ちた時には、学校に寝泊りしてたん（の）です。で、そんなん（の）で、ま、軍隊もいたし、あの、その兵士たちが、ま、手伝ってくれて、ね、いろいろ。

救護の活動

M　んで、あの、船舶部隊がその、宇品にあったから、そこから、あの、物資とかね、お薬をもらって、あのー、来てくれて（い）たと思うん（の）ですけどね。んで、その毛布を敷いてその上に寝かせて。で、あのー、チンク油って（と）、ね、白い油の薬がその火傷、のときにつか、使う、ね、お薬があるのね。それを、あの、体に、こう、塗ってあげるわけ。も、ずるずるのところへ、ね、その、もー、素手で塗るわけね。で、まぁ、その日は、もー、そんなん（の）で、あのー、とにかくやって来た人を寝かせて、するぐらいで、その翌日からがまた大変だったの。というのは、その、もー、夏でしょ。だからも、皮膚なんて（か）すぐ腐ってくるわけね。だから、もー、火傷したその皮膚は、もー、ずるずるになってねぇ。で、薬なんて、もー、すぐ底をついてしまうから。あのー、やっぱり軍隊で使って（い）た、ね、このくらいの紙の箱に入った、ね、靴を磨く靴磨きの墨ね。あの、それは透明な、ね、あの、くじらの油で作った、ね、保革油って（と）いう、保って（と）いうのは保つ、それから革ね、保革油って（と）いう、ね、あの、靴磨きの、その、あの、油があったの。それを、ね、あのー、体に塗るわけ。もう、薬なんかないから。で、もー、あのー、火傷したら、体液が出てきて、ね、もー、ずるずるになるし、腐るし。でも、それを塗るのも大

変だったけど、ね、塗られる人の方がもっと大変でね。そりゃ、もー、火傷なんてちょっとしても、ちょっと赤くなっても痛いじゃない？ したことある？
(学生　花火でやりました。)

　　M　もー、ほんと（う）、それが、もー、ほとんど全身（に）近いでしょ。だから、まー、ほんとに寝て（い）る人は、ねぇ、大変だったと思いますけどね。それも、もー、1日過ぎ、2日ぐらいになったら、もー、ずるずる、どんどん、どんどん上から腐って（い）ってね。で、あのー、膿（うみ）が、その、毛布の、毛布にくっついて、ね、もうバリバリになるわけね。そしたら、その、体、手をちょっと動かしても、その、もー、ごそっとここの腐った肉が落ちてね。で、赤いその身が見えるわけね。そんなことがあったりね。それから、あの、体、やっぱり、もー、じっと上向いて寝て（い）るの、大変だから、うご、あの、体、動かしたいって（と）言ってね。まぁ、なんか、ものはもう言えないけども、身振りでこう、知らすわけね。だからその人をちょっと横に向けようと思って、手をこう、中に、背中のほうにまわしたら、指がずぶっとこう入ってね、背中の肉、の中に。で、それでも、もう、嫌（いや）っと思って気持ちが悪くてもね、もー、それでも、まぁ、我慢（がまん）してこう。そしたら、もー、その人ーなんて（などと）いうのは、もー、それこそほんと（う）に、もー、赤い、筋肉かしらねえ。

もー、皮膚、皮膚の層なんて（など）だいぶ厚いらしいけども、そんなのも、もー、腐ってきてねえ。もー、赤い肉が見えて。まぁ、ほんと（う）に、あたしたち（わたしたち）よりもそりゃー、（それは）その火傷してね、もう痛がって（い）る人のほうが、もー、どれだけ大変だっただろうと思うけども、それでも、もー、あのー、なんて（と）いうの、今だったら、もー、気絶しそうな、ねえ、状況だと思うけども、あのその、本人もそうだしねえ。意識を失ってしまうん（の）じゃないかなと思うような、ねえ、状況だけども。それでも、ま、みんな、戦争中で気丈だったのか、ま、あたしたち（わたしたち）も、そうだったかもしれませんよね。今から考えたら、あたし、あたし（わたし）なんかま、ぼんやりして（い）るから、んー、ま、何にも考えないで、ただもう、その人たちの、ね、お世話をしてあげるだけでね。あの、火傷するとのどが渇いて、お水が欲しいわけね、ところがねえ、あたしたち（わたしたち）が習って（い）たのは、火傷した人にお水を飲ましたら死ぬって（と）。そ、根拠は知らないのよ、そういうふうに教わって（い）たからね。お水、ごくごくって（と）あげることもできないのね。幸い、ね、あの、お水は出て（い）たわけ。あのー、水道は。あのー、学校の水道は出て（い）たの。だから、それを、ね、あの、学校のその、カーテンをちぎって、ね、で、ちょっと浸して口にこう、あててあげるわけね。でも、もー、2

ヒロシマの証言　101

日ほど、1日2日たってきたら、今度は、もー、蛆虫が湧いてね、蠅が、もー、卵を産んだらすぐにかえるわけ。で、それが、もー、体中、こう、ね、ぞろぞろ這うでしょ。で、気持ちが悪いから、もー、蛆虫をこう、取ってあげるわけね。それでも、もー、全然おっ（い）つかないしね。そして、ね、蛆虫なんて（などと）いうのはね、その、皮膚の中にこう入って（い）くわけ。で、穴がね、こう拭くでしょ、そしたら、膿の層が取れるでしょ。そしたら穴がぷっぷっ（ぷつぷつ）……とあいて（い）るわけ。そん（の）中に蛆虫が、ね、入って（い）るの。それを、ね、あの、お箸とか、ね。それからピンセットでつまんで、ね、取ってあげても、そんなのはほんと（う）に、もー、なんて（と）いうの、もう何の足しにもならないくらい、それくらい、もー、みんなに蛆虫が湧いてねえ。あのー、痛がって、中へこう、潜っていくと、あのー、神経にさわったり、それから、腐ってないところへ行くとやっぱり痛いからね、もう痛がったりするし、そして、あの、夜、飛行機の、もー、電気は全然つかなかったから、ね、だから、も、真っ暗な中で、も、飛行機の音が聞こえると、それが、味方の、味方って、日本軍の飛行機であっても、もー、もー、パニックになるわけ、ね、みんな。「きゃー」とかね、「わー」とか、も、あの、「逃がしてー」とかねえ。も、それをまたなだめて歩くので、ねえ、大変だったしね。

で（それで）、ほんとにあたしたち（わたしたち）は、あのー、何人ぐらい残って（い）たかしら。じゅー、それでも15、6人いたのかしら。市内、広島市内とか、あのー、近郊から、学校へ通学して（い）る人は、ね、もー、自分のおうちに帰ったりしてね。それから、ま、市内でお父さんやお母さんみんな（が）、あの、一家が亡くなったとかいう人は、親戚へ行ったりしてね。だから、寮生だけでそういう世話をして（い）たわけね。ま、あのー、どんどん亡くなっていくし、そういう人たちを始末しないといけないし。だから、あのー、らい、あのー、なんて（と）いうの、校長室の、校長先生はいら（っ）し（ゃっ）て、校長先生の娘さんもなくなったん（の）だけどね。あのー、来賓の方の、あのー、お部屋なんかにも死体を全部積んでね。そして、ま、1日たったらとにかく、学校の校庭。今も先生に聞いたらこのへんだろうって（と）おっしゃるん（の）だけどね。その、学校の、ね、あの、ちぃ、あの、低い塀がありましてね、で、そのー、あのー、裏のほうがね、あの、蓮の畑だったの。で（それで）、えーと、今も大河へ、大河のほうへ、行く、お、大河通って（と言って）宇品まで、あのー、宇品線って（と）いうのが通って（い）たのね。あのー、軍がいたから、広島駅から物資を運ぶのに、その、そういう宇品線。今はもうないん（の）でしょ？　宇品線って（と）。と思いますけど。あの、堤防沿いに、ずーっとあったわけね。だ

からも、学校からは、も、その堤防のところまであんまり民家もないし、蓮畑とかね、畑とか。民家もそりゃ（それは）ありましたけどね。で、こっち側は、あのー、絹の、絹糸の工場だったん（の）ですかね。なんか先生、なんですかね、あれ。

（今石　……とあったんでしょうね、おそらく。今おっしゃるようなその……）

　M　あの、ずーっと。向こうの、向こうは宇品の軍隊があったほうじゃないですか？　暁部隊が。

（今石　ええ、……被服の……工場があっちにあって）

　M　だから被服。で、被服廠は比治山の、下にあったのねぇ。

（今石　段原の方…）

　M　ずーと、あの、そのへんまで、あの、だから、学校から、もー、低い塀を乗り越えて向こうへ行くと、蓮畑があって、あれも女専の蓮畑だったのかな。ちょうどこのへんにあたるでしょ。で、そこへ、ね、骨、あの、あのー、穴を掘ってね、ちょど、もー、どのくらいかなあ。んーと、3メーターぐらいですかねえ。縦はね。そして横が、2メーターぐらいかな。そこへ、その、二県女が校庭に、ぽつんとあって、それは、も、ぐしゃんとつぶれてしまったのね。

（学生　ああ、そっちの方はつぶれて）

　M　うん。で、その二県女から木材を運んできてね。で、その

穴に、あの木材をしいて、そして上に柱を渡して、その上に死体をわっと並べて、で、焼くん（の）ですよ。で、それも交代で女専の生徒がやったの。で、ねえ。あのー、そんなん（の）で、ね、ほんと（う）に、もー、ほとんど寝る暇もなかったん（の）じゃないかしら。

　2、3日したら、もー、自分がやっぱり、あのー、放射能障害でしょうね、今から考えればね。血便が出たり、それから、も、食欲はなくなるし、熱は、出たり。そんな状態だったん（の）ですけどね。でも、あの、軍隊からいつもね、このくらいのおにぎり、も、こ、赤ちゃんの頭ぐらいのおにぎり、大豆の入ったおにぎりをね、一日に一個、配給、あの、もらうわけですよ。そして、あのー、大きなアルミのバケツにね、お味噌汁を入れて、朝、ね、あの、それも、も、交代で、それこそ車でまたね、あのー、宇品までもらいに行くの。で、それをもって帰って、で、みんなに配るん（の）ですよね。もちろん、もー、火傷した人たちはもう、そんな（に）食べ、食べたりもできないからね。あたしたち、ま、か、看護するものに、あのー、くれるん（の）だけども。そんなのなんかもう、食べられないからね。もう、女専の築山のところにいっぱいそのおにぎりがね、ごろごろ転がって。で、ねぇ、あのー、外にね、トイレがあったん（の）ですよ。あのー、校長室、本館からその、あのー、家庭科の調理実習室と、

あのー、作法室へ行くのに。あの、渡廊下があって、ね、その渡廊下の、あの、すぐ横にね、トイレがね。あれ、なんでトイレだけ、あれ、ぽつんとあったのか、ちょっとよく分かんないんだけども。そこへみんな行列してね、その、もー、ちょっと、いっ、あのー、ほんとにちょっと血便が、こう、出るだけでね。で、出てきて、またしばらくしたら、また行きたくなるわけね。で、も、昼は、もー、忙しいから、も、そんなこと忘れてね、やって（い）るけど。夜、もー、ほっとするとね、もー、便意をもようす（る）わけねえ。で、それも、ほーんと（う）に、真っ赤な血がね、も。そのときは、ね、赤痢じゃないかなって、みんなで、ね、言ってたん（の）ですけどね。そ、考えてみたら、そうじゃない。ね、赤痢なんか流行ったって（と）聞かないしね、それはたぶん。

（学生　みんなそうだったんですか？）

　M　うーん。だから、行列するの。トイレに。出たと思ったら、また、並んでね。そんな状態だったです。でも、もー、あのー、自分は、そんなん（の）でも、やっぱりもっとね、ひどい人がいっぱいいるし、ま、そんな意識もないですよ。その、みんなを助けなきゃならないとかそんなん（の）じゃないけども、やっぱりそれが、もー、自分がやらなきゃならない仕事としてねえ。受け取って（い）たから、もー、みんなその昼間はそうやって、あのー、看病してねえ。

野天(のてん)での火葬

　M　あたし(わたし)はそんなのは、あの、動くのは、手とか足がね、きゅっと、こう、動くのは、見ましたけどね。人によっては、ね、なんか、ね、「起き上がったよ。」とか言って、その、「こうなったよ。」とか言ってね。「いや、そんなん、そんなことないでしょう。」って(と言って)、「腹筋(ふっきん)なんてそんなに縮むもん(もの)じゃないでしょう。」とかいって言ったりしたけども。そのくらい、もー、怖かったですよ。それで、ね。あのー、腸、おなか、腸がなかなか焼けないの。それと、ねえ。それから脳。あの、頭蓋骨(ずがいこつ)あるでしょ、だから、頭蓋骨の中は、ね、もう焼けない。普通、もー、あんな、あの、ね、火葬場で焼くのはもう、重油をかけて、ばーっと焼くでしょー。

(学生　何千度って聞きました。)

　M　んー。だけども、野天で、ね、それも木材、しれた木材で、ね、油もかけないで焼くから、だから、なかなか焼けなかったですね。で、それをまたカラスが、ね、つつきに来てねえ。もー、あの、手とかね、足、こんなところはきれいに焼けるん(の)ですよ。ところが、も、このへんからおなか、とか、ね。そりゃー(それは)、もー、なかなか焼けないから、も、ついそのまま、次の人も焼かなきゃならないし、いうん(の)で、そしたら、も、カラスが来てねぇ。その、食べに来るわけですよね。そ

ヒロシマの証言　107

んなこともありましたねえ。カラスが多かったわ、だから。ん、で（それで）、もー、あの、その、あのー、骨を、ま、ちょっと、全部は拾えないですからねえ。焼け、焼け……。焼け残って（い）るところもあるもん（もの）だから。あの、ま、よく焼けた骨だけを拾ってね、で、あの、蓮の葉っぱにくるんでね。こういうふうに。くるんでそして、それを、そのー、裂いた紐で、あの紐ってきれでね、あの、くくって、そして、また、校長室においと（てお）くん（の）ですよね。最初のうちはね、なんかね、箱なんかがあったん（の）ですけどね。そんなの（は）ないから、もー、しまいには、その、蓮の葉っぱでくるんでね。で、名前の分かって（い）る人はいいけど、ほとんど、ま、名前、あたしたち（わたしたち）なんかには名前（が）分からない人でね。たくさん、あの、校長室に積んでありました。

かわいそうな二県女の生徒、幼い男の子

M　二県女の生徒なんかでも、もー、ほんと（う）にね、もー、かわいそうで、あんな、12、3歳の女の子がねえー。もー、ほんと（う）に、あの、ほとんど、まぁ、言ってみたら、あのー、上半身なんかも焼けて、裸に近いような状態の子がねえ。んー、たくさん来ましたけどもねえ。中で、あたし（わたし）が、もー、まぁ、あの、なんて（と）いうのか、お世話したの、2人。もっ

とお世話しましたけど、まぁ、特に最後まで、見取ったのはその2人ね。

見たときは、もー、その部屋の中のひと隅に、寝かされて（い）ましたからねえ。で、「や、小さい子がいるわ。」って（と）言って、んー、友達とね。で、ときどき見に行って、あの、そーっとこう近づいて行くと、ね、足音だけは聞こえるから、だから、あの、「母ちゃん、母ちゃん母ちゃん。」って（と）言って（い）るのを、あの、足音を聞いたら余計（よけい）大きな声で「母ちゃん！」って（と）言うん（の）ですよね。で、あの、声でもかければ、あの、声で母ちゃんじゃない（と）いうこと（が）分かるし、それから、もー、あの、近づいて行ったら、やっぱ気配（けはい）で、分かるのか。ねえ、あの、もー、「母ちゃん！」（と）言うのをやめて。で、まぁ、お水（を）ちょっちょっと含まし（せ）て、やったら。あの、もー、目じりからこうしてね、涙が流れ落ちたりするのがね、分かるし。でも、まぁ、目をぱっと開くときもあるけども、母ちゃんだと思って期待してぱっと開くときもあるん（の）ですけどね。そりゃー（それは）、もー、母ちゃんじゃなかったら、もー、もー。何にも、もー、言わないでね、目を閉じてしまうし。で、も、食べることもできないし、おしっこなんかも、もー、そう、その部分が火傷（を）して（い）るから、どうにもできないし。おっぱいも、触りたかっただろうし。ねえ、まだ3、4歳って（と）言

えば、ま、今でこそ1歳になったら離乳しなさいとか言われて(い)るけ(れ)どもね。そのころはもう、一番下の子だったらもう、小学校(に)あがるぐらいまでおっぱいに、触りに行ったりし、あの、する子もおったと思いますよ。あたしら(わたしら)でも、そうだもん(もの)。一番末っ子で、もー、5つくらいになっても、もー、まだおっぱい(を)欲しがって(い)たとか言ってね。もー、だから、あんな子はほんと(う)に、お母ちゃんもいないし、そりゃー(それは)、まぁ、いないという意識があるか、ないかはわかりませんけどね。それでもやっぱり、あのー、そういう状況の中で、やっぱりお母ちゃんが来てくれるものと、思って(い)るのか、たぶん思って(い)るん(の)でしょうねえ。そりゃー(それは)、今まで自分がちょっと怪我をしたり、ちょっと喧嘩して泣いたりしたらすぐお母ちゃんが飛んで来たでしょうしね。それが、もー、いくら呼んでも呼んでも、お母ちゃんが来てくれないから、そりゃ、もー、どんなにさびしかったか、悲しかったか、ねえ。そんなやっぱり考えてやると、も、そのときは、もー、あたしたち(わたしたち)も、そんなこと(を)あんまり意識しなかった(の)ですけ(れ)ども。自分が子供(を)産んで、自分の子供が育っていく、過程の中で、やっぱり、ふっと、思い出すわけですよ。あの子を。あー、この、このくらいのときに、あーやって(あのように)死んでいったけども、まぁ、どれ

だけお母ちゃんが恋しかったかなあ（と）思ってねえ。もうちょっと、なんとか、……あのー、やさしい言葉の一つもかけて、あの子にかけてあげたらよかったのにな、とかね。

(2) 村上手記

　８月６日、雲一つない快晴で、地上のものはすべて焼きつくされるように、日差しがぎらぎら照りつけていた。
　毎日やってくる敵の艦載機はなれっこになっていた。その艦載機を、私たちは「定期便様」と呼んで、少し軽んじていた。繰り返される甲高い機銃音にほとんど反応することもなく、恐怖感さえもほとんどわかない。
　朝６時半頃、空襲警報が鳴った。その後、定期便が来なかったので、学校も静まりかえっていた。午前８時に鐘が鳴って、講堂ではいつものように朝礼が行われた。
　しんと静まり返っていると、聞きなれない爆音がしたので、少しざわめきも起ったが、気にかける気配はまったくない。校長先生の訓話が終わった。起立して一礼をする。そして、校長先生が壇上からおりかけられた。そのとき、たくさんのマグネシウムをたいたような光が北側の窓を走った。窓に目をやると、驚いた。民家の瓦やトタン板が、まるで木の葉のように宙に舞っている。

茫然としていると、私たちの方へ、こちらへ、講堂の天井が被さってきた。たぶん、奇声を発しながら大慌てで長椅子の下に潜り込んだのであろうか。危なかったという記憶がほとんどない。さらに、とびだし、防空壕の方へ一目散に逃げたという記憶さえもない。そして、どれくらい経ったかは覚えていない。

　「大丈夫だからみんな集合しなさい。」という先生の声がした。防空壕から出て、北の方の空を仰いだ。雲一つなかった真っ青な空とは対照的である。灰色、黄色、ピンク色、オレンジ色などが入り交じった、大きな雲が、どんどん膨んでいる。もくもくと高く昇っているではないか。「きれいねえ。あれ、何よ、まるで毒きのこじゃない。」と、私たちは言った。

　その時、私たちみんなガラスの破片などで切っていた。血が流れているが、運よく、駐留していた兵士さんたちが応急の手当をしてくださった。傷の軽い生徒たちは２、３人ずつグループに分かれて、動員先や寮へ非常事態を告げに走った。私は、学友と２人で、千田町の寮へ向かった。

　学校から一歩外に出ると、多くの人たちがぞろぞろ歩いている。宇品町が安全だと思っているのであろうか。傷つき、五体が満足な人はいない。人々は、視点がまるで定っていない。空ろな目のままである。しかも、中空に向けている。まったく放心状態である。髪が逆立ち、何日も風呂に入っていないように埃で汚れ

ている。ぼろ切れのように裂けた衣服をまとっている。その流れは、寮をめざす私たちとは逆に、途切れることがない。

　市内の生徒たちは、みんな家屋疎開に動員されていたらしい。その生徒たちが３人、５人と固まって流れてくる。上半身、みんな裸である。恥じらいもない。皮膚は破れ、胸は氷嚢のように大きくふくれている。帽子の蔭になっていた以外は、鼻から頬にかけて皮膚がすっかりまくれあがり、縮れて顎のところから縄のれんのようにぶらさがっている。か、と思えば、指先の皮膚がめくれ、まるでゴム手袋の先をくっつけたようになっている。たぶん、痛みの感情もまったく起こらないのであろう。腕を前の方へ差し出し、ちょうど鳥が半分翼を広げたようなかっこうで、一言もしゃべらない。藍色のモンペ姿の若い母親は、髪が縮れ、胸のあたりで交差した背負いの帯から血まみれの乳房がのぞいている。両手は、後に回して赤ちゃんのお尻をしっかり支えている。あやして揺すりながら、裸足で歩いている。背中の赤ちゃんは、目も鼻も口も焼け、頭がぐらぐら左右に靡いている。おそらく、息も絶えているのだろう。

　専売局の前では、防火用の水槽の回りには熱風を浴び、水を求めたのであろうか、強いショックで動けなくなったのであろうか、たくさんの人たちが空ろな目でしゃがみ込んでいる。髪は逆立っている。服は埃まみれである。御幸橋が大きく破壊されてい

ヒロシマの証言　*113*

る。頑丈な石造りの欄干は全部なぎ倒され、南側はなぎ倒されたはずの欄干も無くなっている。火傷を負って喉が乾くのであろうか。大勢の人たちが列を作って土手を降り、川岸へ向かって行く。中には、力尽きて途中で倒れる人もある。川面には、息が絶えた人が何人も浮かんでいる。眼前は、まるで地獄の絵である。

　乾いた暑さが残る橋には、焼け焦げた電車が止まっている。乗降口から転げ落ちたかっこうで、男の人が亡くなっていた。陸軍の将校が、手当もしないで胸を張って歩いて来る。ズボンは破れ、太腿からは鮮血がほとばしる。腰に吊るした軍刀の鞘は縦に二つに割れ、刀身が光っていた。

　「お姉ちゃん、助けてー。」と腕にすがりつく。はっと我にかえる。その女学生は裂けた夏服の下から血が滴り落ちていた。怪我人を運ぶ軍用トラックが来た。必死で、手を振ってトラックを止めた。お河童頭の利発そうなあの少女に、優しい励ましもかけてあげられなかった私は、いまでも悔やんでいる。

　道端にべったり坐り込んで、道行く人に物言いたげに必死に手を差しだしていた幼い男の子がいた。その手を握ってあげた。が、ぬめりとした感触だった。立たせてあげようとして引っ張ると、その子の皮膚だけが私の手の中にあった。その男の子を残したまま、その子の皮膚だけを握り締めながら歩いた。ゴム風船のようにふにゃふにゃした感触はいまも忘れることはできない。

そして、寮のある千田町にしだいに近づいた。家屋の損壊はますますひどい。電車通りは、その頃よく町で見かけた荷馬車の馬が火傷を負って倒れていた。首を持ち上げては前足をばたばたさせている。懸命に立ち上がろうとしている。悲しそうな目をしている。
　私たちは、倒れた家の下敷になって、助けを求めている人たちをたくさん見た。どうすることもできない。うろたえた。
　その後、寮監の大坪先生にお会いした。先生は、「寮はペッシャンコ。全壊して、手がつけられません。火が燃え移って来るようだから、一緒に学校へ帰りましょう。」と言われた。また、もと来た道へ足を返した。学校へ帰ったのである。
　帰ってみると、学校はてんやわんやだった。市の中心から徒歩で逃げて来た人、軍用トラックで運ばれて来た負傷者でごった返していた。学校はコの字型だった。北側の普通教室は床が波打ち少し傾いて危なかったが、一階部分はかろうじて使うことができた。南側、渡り廊下でつながっていた一階建の調理実習室と畳敷きの作法室も同様、倒壊を免れていた。しかしながら、窓枠も扉も爆風で吹き飛ばされ、瓦はずり落ちていた。とりあえず、粉々になったガラス片や木片をかたづけて、毛布を敷いた。怪我をした人たちをそこに寝かせた。あるいは、机を寄せ集め、その上に毛布やカーテンを敷いて、そこにも寝かせた。

火傷治療用の白いチンク油や外傷用の赤チンで手当をした。次々と運ばれて来る負傷者たちにどう応対したか、よく思い出せないが、私たち"女専1年"の寮生たちはこの日以来、15日まで、われを忘れ、廊下や前庭の芝生で仮眠を取りながら、傷ついた多くの人のために過ごした。

　翌日からは亡くなる人がでた。怪我をした人がどんどんやって来る。薬もすぐに無くなってしまった。チンク油のかわりに軍隊の靴を磨く保革油が補給された。それを体に塗る。「痛いよ。」「熱いよ。」という声に、私たちはあわただしく必死に走りまわった。でも、手のほどこしようがない。しかたがないので、そっと手を触れて、やさしい声で「大丈夫よ！」、「元気を出して！」と言うだけ。「水が欲しい。」という人には、布で口をふ拭きながら、1、2滴、口の中にそっと水をたらした。その私たちも、傷口が化膿しかけたが、互いに手当をし合った。そのうち、絶え間無い腹痛におそわれた。私たちも手洗で行列をした。毎日、血便がでた。辛いが、そんなことでは弱音をはいてはいけない、多くの人々は全身にひどい火傷を負い、苦しみ、私たちよりもっと大変だ、と思った。全身にひどい火傷を負った人は、皮膚の表面が腐って崩れた。毛布に膿がしみ込んだ。動かすと、くっついていた皮膚が剥れて、赤い肉がのぞく。蠅が来て、いつの間にか、卵を産みつける。すぐ孵化した無数の蛆虫が表面を這う。膿を拭き

取ると体の表面に直径２、３ミリの穴がたくさんあいていて、蛆虫がもぐり込む。ピンセットで挟んで取っても、全部取ることはできない。やがて、蛆虫が蠅になって飛び回り、応接室に安置してある遺体も、蠅たちで真黒になるほどだった。蠅は、生きている人にもまた卵を産み付ける。あっと言う間に増え続けた。
　校舎の中は、膿や腐った肉片の臭いが満ちていた。外へ出ると、今度は、あちこちから蛋白質の焼ける強烈な臭いがして、胸が苦しくなった。
　亡くなって行く人たちは身元がまったく判らない。したがって、誰も遺体を引き取りに来ない。増え続ける遺体を、ついに私たちが火葬にした。私たちは、蓮畑の畦に穴を掘り、全壊した第二県女の校舎の木材を運んでは穴に積み上げ、その上に何人かの遺体を並べて、火をつけた。ガソリンも重油も無く、ただ野天でするので、火葬は２日３日かかった。生命や死の尊厳を少しも思ういとまがなかった。必死に、黙々とこなした。冷めたお骨は、手で集めて蓮の葉にそっと包む。紐でくくって、応接室の隅の机の上に並べた。
　その後も校舎の中では、夜の暗闇、相変わらず、「熱い！」「助けて！」という声が途切れなかったが、時々聞えて来る飛行機の爆音に恐怖も最高潮に達した。「怖いよ！」「逃げろ！」という悲鳴に変わった。それらを安心させるため、休むまもなく、また必

死になだめて回った。暗がりの中でたまたまからだに触れた。その時、腐った皮膚の中に、私の手の指がぐさっとのめりこんだ。飛び上がるほどびっくりして、気味が悪かった。しかし、虫の息になって苦しんでいる人に対して、ほんとうに申しわけない気持ちになった。

　数々の重く、つらい体験の中でも、特に、私の胸が痛むのは親にはぐれた３、４歳の幼い男の子や第二県女の生徒のことだった。

　男の子が、口の周りとお腹にひどい火傷を負っていた。怪我をして泣いたら、母親がすぐに来てくれたはずだ。しかし、いまはそうではない。男の子は、どんなに不安だったか。

　その子は、ずっと「お母ちゃん、お母ちゃーん。」と呼んでいた。声をかけると、泣きやんで目を開いて母親を捜す。母親がいないと判ると、またひとしきり大きな声で、「お母ちゃーん！」と叫ぶ。食べものを少しも受けつけない。私は、とほうにくれて、水を少しずつふくませるのが精一杯だった。２日、３日たつうちに「お母ちゃーん！」と呼ぶ声がしだいにか細くなり、４日目の朝早く、まるで母親に抱っこをねだるようなかっこうで、両脇を前へ差し出して息をひきとった。目尻から流れた涙の跡はすっかり白く乾いていた。半分閉じた目はようやく母親を捜しあてたのだろう。この子は、どんなに心細く淋しかったのだろうか。私は、この小さなからだを抱っこして、応接室へ連れて行った。

また、第二県女の２人の少女も忘れられない。

　２人は動員先の雑魚場から帰ってきた。しかし、着ていた制服は焼け、半裸(はんら)の状態だった。作法室の廊下に寝かされていた。２人は、きっと級長か班長だったのだろう。死線をさまよいながらも、うわ言(ごと)交(ま)じりに、「集合！」「整列！」「異常ありません！」「……！」と言い続けていたが、３日目、とうとう、"青春を謳(おう)歌(か)"することなく、"未来の花を咲かせる"こともなく旅立ったのだ。最後まで強い責任感を失うことなく……、と思えば、いまも悲しい。しばらくして、家族が大八車(だいはちぐるま)でむかえに来た。遺体と対面し、泣き崩(くず)れた。やがて、布団(ふとん)にしっかり包んで帰っていった。泣きながら肩をがっくり落とす家族の後姿に思わず、私も泣いた。

　消息を尋(たず)ねてついに捜しあてた家族、無言(むごん)の対面をした家族、さいわいにも家族と共に帰っていった人など、悲喜(ひき)こもごも。夢のようなドラマを、私は見た。私たち"女専の元気な寮生たち"も、放射能障害による下痢便(げりべん)に悩まされながら、わが身も省みず目まぐるしく働いた。

※「紫外線」とは「熱線」のことかと思われる。

ヒロシマの証言　119

Hiroshima Testimony (Included on the CD)

The sixth of August, 1945 and not a cloud in the clear, blue, sky. The ground was hot to the touch and smoldering under the sun's rays. The single-seat fighter planes flew overhead, as usual, but instead of generating fear or anxiety, they were simply regarded as being 'the norm'.

Usually, around 6:30am the air raid sirens sounded to bring to attention the passing overhead of fighter planes. However, on this day the sirens did not sound, and preparation for school began without a hitch. At 8:00am, the bells rang, and morning assembly started in school auditorium.

Suddenly, and unexpectedly, the sound of an unfamiliar plane flying overhead was heard. An unusual feeling passed over the assembly hall, but the principal finished his morning speech as usual. He bowed, and was just about to leave the stage when an extremely bright flash, like the magnesium flash of a camera, only infinitely brighter, came in from the north window. Looking outside, we saw heavy, clay roof tiles and corrugated sheets of metal flying through the air as if they were merely leaves blown by the wind. We stood speechless, even as the roof of our own auditorium was brought down above our heads. There was a state of panic, with students diving for cover under benches. I don't know for how long we stayed like that. I also don't remember leaving the auditorium, or being evacuated to the air raid shelter. The only clear recollection I do have, is of a teacher's voice saying, "It's all right, everyone. Come over here". Upon leaving the shelter, and facing the northern sky, I saw a giant, mushroom shaped cloud of grey, yellow, pink, orange and a mixture of other colors, rolling and climbing higher and higher into the sky. "What's that? It looks like an enormous, glowing poison mushroom", we all said to each other. Then suddenly, we were showered by shards of flying glass. Luckily we received treatment for our wounds from some soldiers who had been stationed at our school.

Those of us with minor injuries were organized into two, or three person groups and sent to the nearest military stations and student dormitories to report the emergency. I was sent with two of my classmates to check on a dormitory in Senda-machi.

It seemed that many people believed that Ujina was a safe place to seek refuge, and many had already started walking in that direction. There was not one of them free from injuries of one kind or another. They shuffled along as if blind, their eyes staring vacantly into the sky somewhere, completely oblivious of there surroundings or situation. They were filthy, their hair sticking this way and that, as if they had not seen a bath in days. Tattered and worn-looking clothing hung from their bodies in rags.

Some young girls had apparently been instructed to make firebreaks around intact buildings. There were between three and five of them, and they were all bare-chested, their skin cracked and swollen with blisters the size of ice packs.

Excepting for where their hats had protected them, the skin from their nose to their cheeks drooped around their chins in sagging flaps. The skin on the ends of their fingers was also hanging off, looking to all-the-world like rubber gloves only half put-on. They held their hands in front of their chests, speechless, the skin of their arms drooping, like the wings of birds about to take off. I also saw a woman in navy-blue half-pants, her hair burned to a crisp and covered in blood, her breasts hanging bare. Her hands were behind her, supporting a baby that was riding piggyback. She was trying to walk, barefoot, with bouncing steps to comfort the child. As for the child, its eyes, nose and mouth were burnt, and its head lolled back and forth. It had probably already stopped breathing.

In front of the national tobacco corporation building, a group of people no longer able to move due to shock or pain were crouching around a fire hydrant, blank expressions on their faces. Their hair was a mess, and their clothes were covered with dust. I imagine their throats were parched due to the severity of their burns. Nearby, there was another group of people forming a line going down to the river. The water was choked with dead bodies. It was a picture of hell.

The solid stone railings of the Miyuki-bashi Bridge were completely broken down, and the railings on the southern end, which should have been torn down also were completely gone. On the bridge itself, was the burned-out hulk of a streetcar. In its entrance was the fallen body of a dead man.

I passed a soldier with torn pants, still walking in the military world of his mind, clutching his chest while oblivious to a gushing wound on his thigh. The sheath of his military sword, still slung from his waist, was split neatly in half, the blade gleaming from inside.

I suddenly returned to my senses when I felt a young girl pulling on my arm and calling for assistance, "please help me". The young girl was wearing a torn summer uniform, and there was blood dripping from her wounded body. I gestured to a passing truck, being used to transport the injured, to stop and pick her up.

By the side of the road, I saw a young boy sitting arms outstretched, unable to move and unable to cry for help. I took the boy by the arm, but noticed that something was not quite right. As I tried to pull the boy up by the wrists, it was only his skin that came off in my hands. I continued to walk, unable to release the boy's skin from my clenched fist. I still cannot forget, even today, the sensation of the boy's melted skin, like the rubber of a deflated child's balloon.

Soon after that, we were called back to our school. All the windows had been blown out by the fierce explosion and the remains of the roof were scattered on the ground. We set about cleaning up the broken glass and fragments of wood, before spreading blankets on to the floor. On top of the blankets we laid out curtains, upon which the wounded could rest. Their burns were treated with tincture, a kind of white oil, and then coated with iodine.

By the next day, all the available medicine had been used up. In as soft a voice as possible, I called to all the patients "It's okay, cheer up everyone⋯" and for those people who were calling out for water– as I was wiping their faces with a wet cloth, I allowed a few drops to fall into their open mouths. The people suffering from severe burns had become stuck to their blankets, where their wounds had been weeping and had subsequently dried out. When they moved, their burned skin was pulled off by the blankets, exposed their red and tender flesh.

Flies had begun to gather around the patient's wounds, and were now beginning to lay eggs in the open sores and rotting flesh of the patients. These eggs soon began to hatch, and in no time, maggots became an unnervingly common sight to all of us. As we wiped the puss from the patient's wounds, we were further shocked to discover that the maggots had been burrowing into the patient's flesh. Holes of between two and three millimeters covered the patients bodies and as the maggots became flies themselves, and in turn laid their own eggs, the population quickly and consistently multiplied beyond our control.

We were working to dig holes to plant RENKON (Japanese lotus root– a common root vegetable in Japan) and to bring wood from a demolished schoolhouse to make a funeral pyre for the constant supply of countless dead bodies. We laid out the bodies on top of the wood pile and set about cremating them. When the bones had cooled, we gathered them together by hand and wrapped them in the RENKON leaves. The little parcels that had been tied with string were then placed on tables around the edges of the schoolhouse reception room.

In the schoolhouse, the smell of rotting flesh was overwhelming and even upon leaving to go outside, the smell of burning protein from people's decaying bodies was perceptible, and made breathing very uncomfortable.

Some people had actually claimed to witness dead bodies rising from the flames of the funeral pyre, standing as if they had been awoken by the fierce heat. I hadn't actually seen this myself, but I did see peoples' hands and feet moving as the constricting muscle was engulfed by the flames. It was a harrowing experience. The remains of the dead bodies which were not cremated fully, the stomach, intestines and brains had to be disposed of by alternate means. Because they could not be burned, because they did not contain enough fat, we had no choice but to just throw them away. These remains were picked at, and finally devoured by the vast number of crows which had begun to gather around the piles of remains. I thought to myself, "When will the dead finally be able to rest, without being tormented by pests."

Of all my horrific experiences, it was especially harrowing to see the bodies of three, and four year old boys who had somehow been separated from their parents, and students of the second prefectural girl's school, who were now dead.

There was an infant-like boy, suffering from severe burns around his mouth and stomach. He was crying out in pain from his wounds and waiting for his mother, who was expected to arrive soon, but had not yet appeared. I joined him in his anxiety and could feel his anguish. He was yelling out for his mother "mummy, mummy…" and occasionally he opened his eyes, expecting to see her standing there. When he realized that she was not with him, he began to cry with even more, with even more urgency "mummy…". He had no appetite at all, and bewildered, it was all I could do but give him a small amount of water to quench his thirst. The crying lasted for two, or three days, and on the morning of the fourth day, the constant calls of "mummy, mummy…" finally ceased. He had died with his arms stretched out, searching for his mother's embrace. His tears had dried to salt, forming white lines down the sides of his face. Through half-opened eyes it appeared that he had made one last attempt to find his mother, and maybe now he is finally by her side, I thought to myself. I carried his body, as you would a living child to the schoolhouse reception room, where I left him for the last time.

I will also never be able to forget the two small girls from the prefectural girl's school. Both of them were wearing the burned remains of their school uniform and were half-naked. They were laying-down in the corridor outside the classroom where etiquette had once been taught. The girls appeared to be class or group presidents, but were now hovering between life and death, talking deliriously to one another "stand to attention and form groups! There is nothing untoward happening!" as if they were still giving orders to their classmates. This continued until the third day, when they began to sing popular youth anthems of the day. They finally died, unable to realize the joys of youth that they had been singing about.

(A testimony by Miss. Namiko Murakami, age 16 at the time of the explosion.)

原爆タワーと
肉声のデジタル化

(1)　「原爆タワー」を！

　人類初、原爆が広島へ落下したことは、誰でもよく承知している。でも、それがじつに美しい、水の都の上で炸裂したことは、ほとんど誰も知らないであろう。
　原爆タワーの設置がかつては計画されていたという。が、飛行機運航の邪魔になるという理由で見送られたいきさつがある。その飛行場も移転し、問題はまったくなくなっているはずである。
　現下、私は、原爆タワーの設置を比治山へと提案したい。原爆タワーは、なにも高層を競うほどのものでなくてよい。数メートルほどでよい。10分程度ぐるーっと歩いて、市内の風景が展望できればよい。
　そして、比治山へ原爆資料館も移転させたい。なにせ現在のところは海抜ゼロメーターである。全資料が高潮被害にでもあったら、それこそたいへんである。原爆死没者追悼平和記念館も、一望のできる小高い比治山のほうがよいと思う。現下やはり、海抜ゼロメーターである。みんなの祈りの場所、中心の部屋が水浸しになりかねない。
　ともあれ、原爆タワーは、なるべく早く比治山に設置して、原爆の炸裂と惨状を、実感をもって広くに知ってもらいたい。そう

思いながら、散歩をしている。

(2) 被爆の肉声のデジタル化

　生存者が高齢化し、被爆の肉声を直接聞くことはなかなか容易でない。

　「肉声のデジタル収集」は、今やぎりぎりかもしれない。この時を失すれば、取り返しがつかないように思われる。国や地域を挙げて、肉声の、厳密な（安易な圧縮技術を使わないで）本格的なデジタル化保存に乗り出すべきである。それは、歴史的な意義ばかりではない。後々、必ず地球を救うナマの音声資料になると、強く確信するものである。

　かつてのテープがある、ビデオテープもある、だから、録音がたくさん残っているので、肉声はたくさん保存されている、と。多くは、それがナマであると信じきっている。しかし残念ながら、厳密さの点で多少認識の違いがある。

　原爆の肉声は、広島や長崎の街が焼け野原になり、人間性がはく奪され、すべてがとけるという地獄であった。20世紀は、「核」という悪魔が突然地球上に現れて、生きものの生命を奪い、人間の心を引き裂いた。残虐のかぎりをつくした。方言まじりは、際立ってリアルな人間証言である。

I Have Two Requests

"The Atomic Bomb Tower" for Hiroshima

It is safe to say that everyone knows about the dropping of the atomic bomb on Hiroshima. But the scale of destruction, to such a beautiful "city on the water," is something vastly fewer can truly grasp.

Originally, a proposal for a tower memorial had been vetoed, for reasons that it would interfere with local aircraft. Since that time, Hiroshima's airports have been moved outside of the city. However, the original proposal has never been revived. It seems to have been forgotten.

I feel, therefore, that now is the time to present my version of this proposal: the construction of the "Atomic Bomb Tower," on nearby Mount Hijiyama. It need not be a particularly tall tower, maybe only a bit taller than the surrounding trees. I believe that if people can climb it and be able to see into the heart of Hiroshima, it will be tall enough. Surrounding the tower, I envision a "Peace Square," an area where people can spend time outside.

Peace Park, the Peace Memorial Museum and the

National Peace Memorial Hall were all built at sea level; subsequently they are all quite susceptible to flood damage. To obviate this risk these structures would benefit being moved to my proposed "Atomic Bomb Tower" at Mt. Hijiyama. The Atomic Bomb Dome and Ground Zero may then be converted to places for prayer and quiet contemplation.

Preserving the Voices⋯for all time

I have worried, for a number of years now, that we are running out of chances to listen to the actual stories of the atomic bomb, by the actual survivors. Even now I believe this "digital voice collection" from these elderly survivors is only barely in time. Losing this opportunity is something we will never be able to recover. We must preserve their voices, and I feel the only viable way is digitally, in their entireity.

In these dangerous time, nothing would make me happier than if the contents of this CD were to leave even the smallest mark in the vastness of our society's oral history.

◆ 特別寄稿

教え子（広島第二県女生）の被爆死を悼む

広島大学名誉教授　野 地 潤 家

　太平洋戦争下、昭和17（1942）年3月20日から、私は新しい下宿（広島市東観音町）に移った。広島高等師範学校文科1部4年に進んだ私は、やがて4月24日から、頼まれて森岡千代子（当時、国民学校6年生）の家庭教師をすることになった。千代子は、はやく父親を失い、ふだんは母親との二人暮らしであった。年齢のひらいた兄上は、陸軍士官学校（東京）に在学中であった。祖母上は、広島県竹原町郊外の下野村多井に1人で住んでおられた。

　その年9月、広島高師を卒業して広島文理科大学文学科に進んだ私は、新設される広島県立第二高等女学校を志望している森岡千代子の受験勉強を引き続き見ていった。森岡家は、私の下宿から約300メートルばかりの近い距離にあり、私はよく通った。往時の「日記」によると、ほとんど毎日のように出かけて、時には話しこんでしまい、遅く帰宿している。

翌昭和18（1943）年春、千代子は、広島第二県女の入試に首尾よく合格し、憧れの女学校に学ぶ身となった。それに伴い、私は、家庭教師をやめたが、森岡家とのおつきあいはごく自然につづいた。翌昭和19（1944）年夏、私共文理大学生は、学徒勤労動員により、広島県下竹原町の電気精錬工場へ出勤することになり、竹原町に滞留して任務に就いた。やがて4箇月後、私は特別甲種幹部候補生として仙台陸軍飛行学校に昭和20（1945）年1月入校することになった。長い別れを覚悟して、離広の挨拶をしに森岡家を訪れると、母上は広島駅まで見送って下さった。駅の二階の食堂で、母上から海藻の入った、戦時食の雑炊をご馳走になり、俱にそれを啜って別れた。戦時下の慌しさと窮乏の中で恵まれた別離の際の、この一椀の芳情には、いつまでも心を暖められた。

　昭和20（1945）年8月下旬、敗戦により私は仙台陸軍飛行学校から四国の生家へ復員した。10月1日に自宅を出て、四国から広島（宇品港）に着き、母校を訪ねたのは10月12日であった。滞留中、私は森岡千代子が原爆の投下された8月6日、市内観音本町の自宅で、母親と共に倒壊した家の下敷となりそのまま脱出することができず、絶命したと知った。自らの恩師・知人・級友のうち、多くの方が健在であったのを喜びとしていた私にとって、千代子惨死の知らせは大きい衝撃であった。

昭和20（1945）年11月4日、私はたまたま竹原町の戸河家（学徒勤労動員で知り合った）に泊めてもらっていたが、下野村多井にある森岡家を訪ね、祖母上にお目にかかり、千代子の霊前に黄菊を手向けて、千代子の冥福を祈った。祖母上の話しによれば8月6日朝、4畳半の間でシュミーズを着替えていて、そのまま下敷になり、火が着いたのだという。母親が気づいて抱き起した時には、絶命状態で、もうどうすることもできなかった。その日（8月6日）夜9時ごろ、母上ひとり多井の家に帰り着き、9日には千代子のお骨を取りに出広し、12日に多井で葬儀を執り行った。戒名は「釈尼妙香信女」享年15歳であった。

　越えて、昭和21（1946）年4月28日、私は広島市内宇品町（住吉通り5丁目、五林様内）母上（森岡マサヨ様）を訪ねた。当時、復員して同居しておられた兄上（森岡正男様）の話では、あの日千代子を亡くされてから、母上はものを言われなくなり、想い出してはよく哭かれるという。千代子の形見には手をつけられぬという。たらちねの母の心は、かくもあるものかと、私はしみじみ感に打たれた。辞去する時、母上は涙ぐまれ、涙をはらはらとこぼされた。深い悲しみに沈まれた姿はいたいたしく、母上の前で、千代子のことを話すのはもとより、私は母上の前に現れることは、母上の悲観を深めるのではないかと、思わず暗然とした。

かの11月４日は、多井の家で千代子の霊前にぬかずいた私が、満25歳を迎えた誕生日であった。この日から私は千代子の被爆死を悼む歌を作り始めた。翌昭和21（1946）年７月４日までの８箇月間、私は毎日のように千代子への挽歌を詠みつづけ、計540首を数えた。

　昭和50（1975）年７月、上記の歌稿群から、300首を選んで、歌集「柿照葉」（かきてりは）とし、溪水社から刊行した。稚拙な習作であって、その、未熟さに恥じるばかりであるが、広島の地に出会った、ひとりの教え子に、教え子との思い出のほとんどを詠んで、鎮魂の歌として捧げることができたと感謝したい。

　　三十三枚柿の照葉を拾いたり
　　　　　はしき面わにこれを供へむ

注記・通称「千代子」、戸籍「千代香」。
　「広島第二県女」は「広島県立第二高等女学校」の略称。一般には'ダイニケンジョ'と呼ばれて親しまれていた。

◆　備忘録

1　ＣＤ「私たちの原爆」の聴取のしかた

　付録にある原爆の声ＣＤ、私たちの原爆（村上凡子）をＣＤデッキなどにセットすると、被爆者の声を聞くことができる。また、本ＣＤをパソコンにセットして、Windows Media PlayerなどのＣＤ再生機能を持ったソフトウエアを利用してもそれを聞くことができる。

（今石元久）

　The CD included can be played on any CD deck or CD player and also on personal computers equipped with WINDOWS MEDIAPLAYER software.

2　学徒動員の被爆

(1)　学徒の被爆

　原爆被爆の声をデジタル化することに、なぜこだわっているかといえば、デジタル化は原爆の声が元のままで、しかも、複写などによく耐えて残るからである。それに対して、アナログ化（一般によく普及している、テープレコーダーによる収録）は、残念ながら機器などの影響も受けやすく、複写などを繰り返すと、原爆の声は次第に元から遠ざかるという、致命的な欠点がある。しかも、黴などによる音質の劣化も懸念される。現在最高の技術水準では、デジタル化にまさるものはないようである。
　そして、学徒動員というように限定する理由は、その犠牲者がとても悲しいものに思えたからである。原爆の、その犠牲者は、あの時、最も多感な時期であった。青春や乙女の時代の真っ只中であった。それがこともあろうか、お国のための、特別任務を強要された。しかも、"晴天の霹靂"、一瞬のうちに人類全部の不幸を背負ってしまった。生存者は、現在なお、である。"死ぬも地獄、生きるも地獄"、これではまったくやりきれない。

生存者は、高齢化して、やがては天命をまっとうしなければならない。

(今石元久)

(2) 女専と原爆

　県立広島女子大学の前身、広島女子専門学校（略称：広島女専）が設立されたのは、昭和3（1928）年。この年は関東軍の謀略による張作霖爆殺事件が引き起こされた年である。

　それから3年後の昭和6（1931）年には、これも関東軍の謀略による柳条湖の満鉄爆破事件を契機に満州事変勃発、更に翌昭和7（1932）年には上海事変が起き、昭和12（1937）年には、盧溝橋事件を発端に、日中全面戦争が起きる。

　翌昭和13（1938）年には、国家総動員法が公布され、戦争は次第に泥沼化して行く。広島女専の歴史は、そのままこの戦争の歴史と重なる。この年には、既に後の学徒動員のさきがけとも言うべき軍事作業に学生たちは従事させられている。7月には、陸軍病院の病衣の洗濯、陸軍被服支廠の肩章調整作業を行うと、広島女子大学60年史には記されている。

　昭和14（1939）年には「青少年学徒ニ賜リタル勅語」が発布され、学生・生徒たちは否応なく戦時体制の中に組み込まれる。翌15（1940）年には大政翼賛会が設立され、国を挙げての戦時翼賛体制強化、そうして遂に昭和16（1941）年には、真珠湾攻撃を皮切りに日本は第2次世界大戦へと突入して行く。

　この年、昭和16（1941）年4月に、広島県立広島第二高等女学校（略称：第二県女）が、広島女専内に設立されるが、これは、まさに、戦場におもむく男子に代って、女子にも高等教育をという戦時の要請で開校された学校というべきであろう。

　この年には、また、2月に「青少年学徒食糧増産運動実施要領」なるものを政府が通達し、戦力の一端を荷うべく青少年の勤労が強化されてゆくのである。加えて、10月には大学・専門学校・実業学校の修業年限を臨時短縮するという勅令が出され、初年度は3箇月、次年度からは6箇月の短縮となる。そのために広島女専においても、昭和16年度の卒業は本来ならば17年3月だが、急遽16年12月28日に卒業式挙行、17年度の卒業式は18

年3月の筈が、17年9月に卒業式を行うこととなった。

　昭和18（1943）年には、「防空・救護」なる新学科目が設けられ、女子学生の動員が更に強化されて行く。この年の10月には、在学中の学徒の徴兵を猶予するという兵役法上の特典が勅令によって突如廃止され、20歳に達していた文科系の男子学生生徒が、一斉に入隊した。その数10万人とも言われる。これが世に言う「学徒出陣」である。

　満州事変入り10年余、一般の青壮年は召集されたり、軍需工場へ徴用されたりで、農山村や一般工場は、老人や女性が生産を支えていたが、戦争の拡大に伴い、武器弾薬の製造を急ぎ、前線に補給するには軍需産業へも大動員の必要が生じた。しかし、当てにできる戦力・生産力は男女学生・生徒しか残っていなかった。

　そのため、学徒出陣の後、政府は次々と手を打つ。徴兵適齢の19歳への切りさげ、軍需産業への女子挺身隊の拡充、学徒の勤労動員の通年化などがそれである。そして昭和20（1945）年になると、それは益々エスカレートしていき、学徒動員は、国民学校の高等科・中学校・高等女学校の低学年までが、動員の対象となる（12歳以下の児童は学童疎開）。

　広島の場合、昭和20（1945）年、運命の8月6日朝8時15分に、原子爆弾が炸裂。

　大学高専生・中学・高等女学校の高学年は既に通年動員で、市街地中心から少し離れた軍需工場や軍施設に行かされていたので、原爆による被害は比較的軽かった。特に大きな被害を受け、凄惨を極めたのは、国民学校高等科生・中学・高等女学校の1〜2年生たちであった。わずか12〜13歳の少年少女が、市内中心部の建物疎開（住宅などを取り壊し、空襲に備えて防火用の空地を作る）作業に動員されていた。

　広島市では、約26,800人の学徒が動員されていたというが、この内、判明分だけで7,200人が原爆によって死亡している。そのほとんどが、12〜13歳のまだ幼い少年少女たちであった。第二県女でも、教師3名、生徒45名が死亡、残る2年生、1年生も負傷者多数を出している。戻って来た第二県女の負傷者は、女専の生徒及び第二県女の上級生、教師たちの懸命な手当を受ける。亡くなった生徒等は、女専のキャンパス内にて火葬。雑魚場町での被爆生徒の中には今もって行方不明の者もいる。昭和20年8月15

日の終戦と同時に女専内の臨時救護所は閉鎖され、負傷者は市内大河小学校の救護所へ移された。

◇主な参考文献
　広島女子大学創立60周年記念誌
　広島県立広島第二高等女学校同窓会誌「しらうめ」
　広島平和記念資料館発行「動員学徒―失われた子どもたちの明日」

広島女専・第二県女学徒動員関係年表

1928（昭3）.3.3		広島女子専門学校設立認可
〃	4.1	同校開校（国文科・家事裁縫科甲類・乙類を置く）（6月4日張作霖爆破事件起きる）
1931（昭6）.9.18		満州事変起きる
1937（昭12）.7.7		日中戦争始まる
〃	10.	国民精神総動員運動始まる
1938（昭13）.4.1		国家総動員法公布
〃	6.	集団的勤労作業実施の指令通達あり
〃	7.	陸軍病院の病衣洗濯作業、被服支廠の肩章調整作業を行う
1939（昭14）.5.22		「青少年学徒ニ賜リタル勅語」発布
〃	11.	広島聯隊区指令部の書類整理作業を行う
1940（昭15）.10.		大成翼賛会設立（この年皇紀2600年奉祝行事あり）
1941（昭16）.2.10		広島県立第二高等女学校設立認可
〃	2.	青少年学徒食糧増産運動実施要綱通達
〃	4.1	県立第二高女女専校舎を使用して開校 女専交友会を解消して報国団結成、第二県女も同団結成
〃	10.	大学高専の修業年限を短縮、16年度の卒業を3ヶ月繰り上げと決定
〃	11.	17年度の卒業を6ヶ月繰り上げ決定
〃	12.8	太平洋戦争（第2次世界大戦）始まる
〃	12.28	女専昭和16年度卒業式挙行（女専14期生卒業）
1942（昭17）.6.8		第二県女校舎、女専キャンパス内に新築落成
〃	6.12	女専生徒第二県女にて教生授業開始
〃	9.	女専第17年度卒業式挙行（15期生卒業）
〃	12.5	大詔渙発1周年記念宮島強歩会実施（女専第二県女共催24キロメートル強歩）
1943（昭18）.1.21		学制改革の勅令交付。修業年限が1年短縮され、中等学校は4年、高校大学は2年に（4月1日施行）
〃	3.29	戦時学徒体育訓練実施要綱決定。女子校は、弓・な

備 忘 録　*143*

		ぎなたを教授
1943（昭18）.4.		新学科目「防空・救護」を設ける
〃	5.5	陸軍少年兵志願年齢を14歳の以上に引き下げ
〃	6.16	女子・年少者（16歳未満男子）の深夜業坑内作業認める
〃	6.25	学徒戦時動員体制確立要綱決定（学徒の工場・農村への勤労動員と軍事訓練の強化）
〃	7.24	一切の学徒体育大会を禁止
〃	7.30	女子の学徒動員強化を閣議決定
〃	9.	女専昭和18年度卒業式挙行（16期生卒業）
〃	10.2	理工系を除き、学生生徒の徴兵猶予措置を撤廃
〃	10.12	教育に関する戦時非常措置方策決定（年間3分の1の勤労動員など）
〃	10.21	明治神宮競技場で出陣学徒壮行会
〃	12.1	学徒兵第一陣が陸軍に入隊
〃	12.10	学徒兵海軍に入隊
〃		文部省、学童の縁故疎開を促進
〃	12.24	徴兵年齢が19歳に引き下げられる
〃	4.17	決戦非常措置に基づく学徒勤労動員通達出る
1944（昭19）.4.		女専、数学科を新設、国文科を国語科に、家事裁縫科甲類を保険科、乙類を被服科と改称、別科廃止、学科目に「修練」を設ける
〃	6.24	通年動員体制に入る。女専第3学年（17期生）は陸軍運輸部に動員。第二県女4年生（1期生）は、広島地方専売局広島工場へ動員
〃	8.23	学徒勤労令・女子挺身勤労令公布。女専・第二県女とも学校報国隊を組織し、全面的に学徒勤労動員体制に入る
〃	9.	女専第3学年（17期生）卒業のために動員解除。即日、第2学年（18期生）生徒動員（陸軍運輸部）第二県女第3学年（2期生）広島地方専売局広島工場へ動員。身体虚弱な生徒は学校へ残留し、学校工場にて作業に従事。

〃	1．8	女専第1学年（19期生）生徒、倉敷市外水島航空機製作工場へ勤労動員
1944（昭19）．3．		決戦教育措置要綱により、学校の授業を1ヶ月年停止と決定
1945（昭20）．7．23		女専20期生入学式
〃	8．5	第二県女第1学年（5期生）、第2学年（4期生）雑魚場町建物疎開作業に動員（8月7日までの予定なるも、急遽予定が変更となり、8月6日は2年西組のみが雑魚場町に残り、他は東練兵場の諸畠に行くこととなる
〃	8．6	**広島の上空にて原爆炸裂**。第二県女2年西組は雑魚場町にて被災。引率教師共々、生徒は1人を残して全員死亡。東練兵組は負傷者多数。広島女専校舎・第二県女校舎は、火災はまぬがれたが破壊著し。女専校舎は臨時救護所となる。女専寄宿舎全焼。女専犠牲者職員3名、生徒8名、第二県女犠牲者職員3名、生徒45名
〃	8．15	日本、ポツダム宣言受諾。第2次世界大戦、日本の敗戦により終わる
〃	9．18	枕崎台風により、第二県女校舎倒壊
〃	9．	女専18期生の卒業式中止（11月に卒業証書を各人に送付）
〃	10．	報国団解消、交友会新発足
〃	10.11	ＧＨＧ五大改革を指令（敗戦解体・農地改革・教育民生化・婦人解放・労働組合結成）
〃	11.5	女専・第二県女共授業再開（第二県女は女専校舎で）（前教室の窓ガラスは壊れたまま、吹きっさらしの教室で）
1946（昭21）．3．3		宇品町千暁寺で、女専第二県女合同原爆犠牲者追弔会を開催
1946（昭21）．3．		第二県女2期生卒業
〃	4．	第二県女6期生入学（これが最終入学生となる）

〃	5.1	女専21期生入学
〃	11.3	日本国憲法公布（施行は22年5月3日）
〃	12.27	6・3・3・4制の新学制が決定される
		女専生徒、校舎復旧募金運動をはじめる
1947（昭22）	2.31	教育基本法・学校教育法公布
〃	3.	女専19期生卒業
〃	9.26	広島女子大学期成委員会を組織（教職員・保護者会・生徒会・紫水会で）第1回委員会を開く
〃	9.	女専寄宿舎再建運動はじまる
〃	10.	保健科を生活科と改称
1948（昭23）	3.	女専20期生卒業
〃	5.3	学制改革により第二県女が広島県立広南高校となる
1949（昭24）	3.	女専21期生卒業
〃	3.31	学校再編成により広南高校廃止
1950（昭25）	3.14	広島女子短期大学設立認可
〃	3.	女専22期生卒業（女専最終学年）
〃	4.1	広島女子短期大学開学
1965（昭40）	1.25	広島女子大学設立認可
〃	3.	広島女子大学開学
1966（昭41）	3.	広島女子短期大学16期生卒業（短大最終学年）
〃	3.31	広島女子短期大学廃止
1977（昭52）	4.21	広島女子大学創立60周年記念式挙行

（切明千枝子）

(3) 暁部隊のことなど

　暁映ゆる瀬戸の海
　昇る朝日の島影に
　偲ぶ神武のみいくさや……

という、当時、まことにいさましい歌があった。その軍隊歌にでてくる「暁」という言葉であるが、戦争が激しくなるころ、宇品にあった陸軍運

輸部に「暁部隊」という特別な部隊が置かれるところとなって、その部隊が船舶の保守・軍服の繕いから出兵にいたるまで全部差配していた。近隣の金輪島にあった壕などはもちろん暁部隊のものが掘った。宇品の部隊は特に重要なものであったが、戦火を避けて、司令部のみが西の方面の井ノ口に移された。そこで女専のものも分散し大いに働かされていた。

　輸送船は途中でやられ、戦況がかんばしくなくなると、全国から集められた兵隊たちは広島で足止めをくったかっこうで、広島各地の学校などに分散していた。そのとき、みんなが原爆に見舞われた。

（今石元久）

(4) 「被爆アンケート」の結果について

　広島女子専門学校・広島県立第二高等女学校卒業生全員を対象にした「被爆アンケート」の結果の概要を次に述べる。

1　標記のように、広島女子専門学校卒業生全員1190名、広島県立第二高等女学校卒業生全員492名に対して、はがきで簡単な「被爆アンケート」をおこなった。約350名の回答を得た。（そのうち、43％が広島県立第二高等女学校に関係していた。）

2　現住所を都道府県別に分類してみると、広島県が57％と最も多く、次に、東京都が9.9％、山口県6.7％、神奈川県4.1％、大阪府・兵庫県・千葉県・福岡県・岡山県・島根県が3〜2％、その他、栃木県・群馬県・埼玉県・石川県・岐阜県・静岡県・京都府・奈良県・香川県・愛媛県・高知県・長崎県・熊本県・大分県などとなる。

3　以上のとおり、約350名から回答を得たが、80名強が不幸にも被爆を体験しておられた。約20％強である。

4　これらの結果は、2004年4月現在であるが、今から60年前の戦争中よりこのかた、信じられない苦難があった。回答（はがき）の添え書きもいくつか記しておきたい。

○多くの身内がたいへんお世話になった。
○東連兵場動員中じゃんけんで勝って、たまたま行かないで一日違いで助かった。

○今、高齢で体調不良。
○主人が原爆で死んだ。
○同窓の姉は被爆死、父は被爆体験者。話したくない。
○同窓の母は他界。核兵器廃絶、イラクへの派兵反対。
○同窓の祖母は特別養護老人ホーム。孫のわたし、被爆したおばあちゃんのためなら何でもお手伝いする。
○原爆のとき、軍医の主人、長男ともども異国。その後、主人シベリア抑留、長男死亡。

（今石元久）

3　原爆被害に関する基礎

(1)　爆　風

　爆風は、原子爆弾の炸裂によって放出される全エネルギーの約50％にあたる。

　まず、衝撃波が発生する。衝撃波が通過すると、その後、高密度・高温度になった空気が移動する。その直接波以外にも地面からの反射で起こる衝撃波もある。その反射波は直接波よりも大きく、地上の物体にはさらに強い破壊力となる。一瞬のうちに、広い範囲の建造物に壊滅的な破壊がもたらされ、人や動物に殺傷を与える。

　木造家屋の場合、広島では、爆心地から2kmの地点で全壊10％、半壊・軸部損傷40％、4kmでは全壊・半壊・軸部損傷ともになく、倒壊限界は2.5kmだった。しかし、さまざまな調査報告があり、27km遠方でも窓ガラスが壊れた。長崎では、1km以内ではほぼ原形をとどめないまでに破壊され、木材も粉々になった。1～2kmでは主に継手が壊されて全壊、2～4kmでは家軸は残っているが、壁・天井・床はほぼ壊された。

　鉄筋コンクリート建築に対する破壊の範囲は爆心地から、広島では、500m内外に及び、長崎では750mに及んだ。鉄骨建造物は水平方向の力に弱く、長崎ではこの種の工場建築が多く、爆心地から1km付近では軸組の部分が傾斜し、小屋組みが崩壊した。1.5kmでも建物全体が傾き、1.8kmまで顕著な損害をこうむっている。

レンガや石で造られた建物は外からの圧力、特に水平方向の力に弱い。長崎の爆心地近くにあった浦上天主堂は、信徒がレンガをひとつひとつ積み上げて築き上げた建物で、東洋一壮麗な教会建築といわれていたが、爆風で一瞬にして崩壊し、廃墟と化した。

(2) 熱　線
　原子爆弾の全エネルギーのうち約35％が熱線のエネルギーになる。爆発によって放射された熱線にはいろいろな種類があるが、地上の物体や人体に作用した熱線の大部分は、爆発後0.2秒から3.0秒までの間に、大量に放出された赤外線であったと考えられる。原子爆弾の熱線の特徴は、大量のものが短時間に放射されるところで、短時間に周囲に逃げるエネルギーはわずかで、吸収された大量のエネルギーは物質の表面だけに限局されるので、その表面は非常に高温になる。広島・長崎の場合、爆心地の地表面の温度は摂氏3000度ないし4000度に達したものと推定される。

(3) 放射線
　原子爆弾が通常の火薬爆弾と大きく異なるのは、大量の放射線が放出されることにある。この放射線こそが、原子爆弾の被爆者に深刻な放射能障害を与え、被爆者を長く苦しめることになった最大の原因である。
　原子爆弾の爆発によって生じる放射線は、爆発後1分以内に放出される初期放射線と、それ以後のある期間、被爆地域にみとめられる残留放射線の2つに大別することができる。
　初期放射線にはいくつかの種類があるが、人体や動植物への影響の視点からは、ガンマ線と中性子線が重要な意味を持つ。この両放射線は、原子爆弾の全エネルギーおよそ3.0％を占める。
　残留放射線は原子爆弾の爆発後、一定の期間被爆地域に残存する放射線である。

(4) 原子爆弾症
　原子爆弾の威力は、爆発時にほとんど瞬間的に短時間に現れ、爆心から遠ざかるにしたがって減衰する。人体の傷害は、爆風、熱線、そして放射

線によってもたらされたもので、これを、「原子爆弾症」または「原子爆弾傷」とよぶ。（なお、爆風、熱線、放射線を吸収または反射する遮蔽物があれば、その程度に応じて傷害作用は弱められる。）

　原子爆弾の被爆による死亡率は高く、特に第１日における即死および即日死の比率がいちじるしく大きい。広島・長崎とも爆心地から１、２kmの距離にいた被爆者の即日死亡率はほぼ50％と推定され、それより爆心地に近い地域では80〜100％の即日死があったと考えられる。また即死、即日死を免れても、その後の死亡率も近距離で被爆し、傷害の重い人についてはきわめて高い。

　たとえば、広島県可部警察署の検死記録から、原子爆弾傷を負って可部に避難した人々の死亡の状況を日を追って調べた結果によると、死亡数はほぼ６日ごとに半減していった。またこの集団では、死の運命にある重い負傷者のうち、50％が第６日までに、さらに25％が第７日から12日までの間に、結局90％以上の人々が第40日までに死亡したとされている。

　広島・長崎での被爆による死傷の状況については、初期死傷の全貌、またその後、今日までの原子爆弾症ならびにそれによる死者の総数についての正確な数字は得られていないが、現在のところ、被爆後急性期（２〜４ヶ月以内）の死亡者は、広島で９万ないし14万、長崎で６万ないし７万人と推定されている。

(5)　後遺症など

　広島・長崎での被爆の結果、人体に生じた傷害は、初期の急性原子爆弾傷のほか、その続発症、後遺症、および年月を経たのち発症した後障害など、に大別することができる。

　急性期原子爆弾傷は被爆直後からおよそ４ヵ月後までにみられたもので、経過的に３期に区分することができる。

　第１期（早期）は、被爆直後から第２週の終わりまでの間を指し、熱線および火炎による熱傷、爆風および建物の倒壊による外傷が主なものであり、爆心地に近いほど傷害は重く、原子爆弾傷の急性期死亡者のうち、約10分の９がこの時期に死に至った。なかでも熱傷を主症状とする者が大半を占めた。

　第２期（中期）は、被爆後第３週から第８週の終わりまでの時期で、こ

の時期には原子爆弾放射能症、すなわち放射線による傷害が症状を現わし、熱傷や外傷が軽度にとどまった人や一見何ら傷害を受けなかった人にも、脱毛、貧血、白血球減少、出血傾向、下痢などの症状が現われた。急性期死亡のうち、約10分の1はこの時期の死亡である。

　第3期（晩期）は、熱傷、外傷、放射症など各種の傷害の症状が回復に向かった時期で、被爆後3ヶ月の始めから4ヶ月の終わりまでの時期である。この時期まで生存した人々の多くは、急性期死亡を免れた。

　この急性期原子爆弾傷は、1945年12月ごろまでには一応峠を越えたが、障害はそれで終息したのではなく、熱傷や外傷の治癒の後には四肢の変形、瘢痕性拘縮、ケロイドなどの後遺症が残ることが多く、また放射能症が原因で起こる貧血、白血球の異常、不妊症、月経異常、あるいは心身の不調などの症状がその後も長く継続したのである。さらに残酷なことながら、胎内被爆による小頭症も現れた。

　そればかりではなく、その後それぞれ潜伏期をおいて、さまざまな後障害が見られるようになる。1948年秋には広島で原爆白内障の第1例が発見され、その後広島・長崎とも多数例が観察されている。また1945年長崎で、1946年広島で被爆者に白血病が見出され、その後被爆者の白血病の発生率は年を追って増加し、1950年〜1953年にピークに達した。白血病のピークにやや遅れて、被爆者の中に、甲状腺癌、乳癌、肺癌、唾液腺癌、その他のがんの多発の傾向が目立つようになった。

(6)　心身の苦しみ

　被爆者は、被爆直後から現在に至るまで、さまざまな苦悩を経験しなければならなかった。放射能症による、悪心・嘔吐・食欲不振、下痢、出血斑・点状出血、脱毛、感染抵抗の減弱、発熱、貧血、生殖機能の障害などの症状、また熱傷、外傷の後遺症も長く負傷者を苦しめた。そればかりでなく、被爆のショックはさまざまな心身症状、不定愁訴、病覚を被爆者に与え続けた。広島で爆心地から1.5〜2kmの地点で被爆し、幸いに生存した131人について1953年におこなわれた詳しい分析的な調査によると、じつにさまざまな訴えがあった。たとえば、消化器官については、常習下痢、常習便秘、常習腹痛、胃腸障害、血液循環については、手足の冷え、ほて

り、チアノーゼ、水に浸けたり雨にあたったりすると夏でもしびれがあり手足の静脈が怒張する、寒さにあっても同様、働くと顔や手足にむくみがおきやすい、熱傷の傷痕のまわりには蕁麻疹が出る、体温については、発汗過多（しばしば半身のみ）、逆に汗が出なくなった、疲れると熱がでる、年に1、2回不明の発熱がある、とても寒がりになった、逆に暑がりになった等々である。出血傾向を残している人や環境に対して適応しにくくなったと訴える人が少なくなかった。

さらに深刻だったのは、神経症のような症状で、全身に倦怠感があり、手足がだるく健康な人の5、6倍は休む、また馬鹿になったといわれるほど記憶力がなくなり、感情も不安定で、根気がなく、能率が悪くなるなど、さまざまな不調が被爆者に残されたのである。

(7) 不 安

被爆者であるがゆえの不安は、健康面、生活面、その他の面など多方面に及ぶ。また、今現在、「生と死」をめぐる不安のみならず、未来に対する不安を抱く人も多い。

「子供を産むことの不安で、結婚に悩んだ」、「病気や健康が不安で、結婚に悩んだ」など、悩みはさまざまである。「子供を産むこと・生まれてくる子供のこと」への不安は、子育てのなかでは最大の悩みで、多くの被爆者が直面した悩みであった。「不安が強く子供を産むことができなかった」と激白する被爆者さえもいた。また実際に、戦後生まれの子供（胎内被爆を除く）に障害があった例や、死亡したという例、早産や流産、不正常分娩、不妊、生理・精子の異常の事例なども少なからずあった。病気がちであること、病弱であることによって、家族に生計の苦労をかけてしまった被爆者も少なくない。病気や障害のために望んだ仕事に就けなかった人、就職したが人並みに仕事ができなかった人、まったく働けなくなり仕事をやめた人などさまざまなケースもあった。

原爆は、人間としての幸せや、自由に生きる権利までもいとも簡単に奪ってきた。

◇主な参考文献
『原爆神話の50年－すれ違う日本とアメリカ』斉藤道雄　中公新書（1995）
『アメリカの中のヒロシマ上・下』R・J・リフトン　G・ミッチェル　岩波書店（1995）
『共同研究　広島・長崎 原爆被害の実相』沢田昭二ほか　新日本出版社（1999）
『原爆体験　六七四四人・死と生の証言』濱谷正晴　岩波書店（2005）
『被爆災害 ヒロシマ・ナガサキ』広島市・長崎市　原爆災害誌編集委員会　岩波書店（2005）

(田中弘美)

Regarding the Atomic Bomb victims
The explosion
　The first 50% of energy produced by the explosion of the atomic bomb was manifest in the explosion itself, the immensely powerful shockwaves, and the reflection of energy back up from the earth. The next 50% comprised intense heat rays (35% at 3000-4000 ℃), and finally, subsequent radioactivity (15%).

Victims of the atomic bomb explosion
　These victims can be roughly divided into three categories.
1．Those who perished immediately.
2．Those who were wounded, either critically or otherwise.
3．Those who later developed side effects such as leukemia and/or suffered trauma as a result of their experiences.

Mental scars in the aftermath of the atomic bomb
　Symptoms may be triggered by everyday occurrences such as the glare of a car's headlights or the spark of a tram's wheel. In some victims, flashbacks may be accompanied by diarrhea, or a numb

sensation in hands and feet. Victims struck by leukemia may also experience loss of hair, bleeding from the anus, and scar tissue that will not heal. Peculiar to the victims of the atomic bomb is the development of an unsightly and uncomfortable form of scarring referred to as 'Keroids' . 'Keroids' lead to the automatic identification of atomic bomb victims, and in some cases lead to discrimination by employers or potential marriage partners.

あ と が き

　炎天下、慰霊碑に参拝している長蛇の列の中で「カワ（皮）ガ　マコト（ほんとうにまあ）　ブラサガリョータ（ぶら下がっていた）ガ　ノー。」と、ふと耳にしました。「なんという人間リアリティーか、これしかないではないか」と深く目覚めました。

　原爆が落ちて、その惨状は、女専の卒業生や第二県女の卒業生が語るとおり地獄絵そのものでした。この肉声を、デジタル化して永遠に残すことができないかと思いました。
　肉声は、一斑ではありますがしかし、人類の危機を、たとえば、周知のような絵画「原爆の図」や小説『黒い雨』などと同じように、われわれに真迫力をもって発しています。しかも、それは、お一人お一人の内面を深くえぐっています。お聞きのように、付録のＣＤはそれでありますが、内容は、われわれにたいへん重くのしかかっております。

　それぞれ、地球規模の平和へ大きく貢献されていると思います。広島関係の、保田知子さん、村上凡子さん、切明千枝子さん、そして長崎関係の和田耕一さんがお忙しい中よく協力してくださいました。
　神戸海星女子学院大学の桐谷滋・岩手大学工学部の三輪譲二・千葉工業大学の世木秀明のお三氏、ならびに、ゼミ生の田中弘美さん、研究補助員の木下恭子さんがたにもたいへんお世話になりました。

　最後になりましたが、恩師野地潤家先生ならびに秋山和平氏に格別に導かれました。厚く感謝申し上げます。

今石　元久　記

'My proposal'

A postscript by Dr. Motohisa Imaishi

The dropping of the Atomic Bomb, and the insuing hell which followed, was witnessed by the female university graduates of Hiroshima Prefectural Women's University and Hiroshima Prefectural Second Girl's High School. I would like to express gratitude to these victims for their sincere and graphic testimonies, and their cooperation in this, my project to preserve digital voices for future generations. Whereas the analog voice is subject to degradation throughout time, the digital voice is the closest to the real thing, and will not fade. The clarity will be preserved forever.

This book differs from the great works of fiction such as 'Black Rain' in that it represents first-hand accounts of real people, unburdened by the need to being gripping, entertaining or artistic. Fiction and art are of course valuable, but there is no substitute for fact, uncompromised and sometimes uncomfortable.

索　引

ア行
赤ちゃん　71,86,105
赤チン　47,116
暁部隊　104,146,147
悪魔　95,132
頭の小さい子　72
圧縮　9
圧縮技術　132
アナログ化　139
生き地獄　20
生きていた　71
異常　26
異常な精神状態　54
遺体　117,119
医務室　19,20
イントネーション　81
うじ（蛆）　26
宇品　18,85,104,105
宇品線　103
蛆虫　101,102,116
薄い紫色　83
うつろな目　85
浦上　48,49,51,56
浦上天主堂　44,48,149
運がよかった　71
永久保存版　69
英知　3
江波線　25
MD　9
お母さん　51,52,70
お母ちゃん　110,118

お父さんやお母さん　103
音のない世界　91
鬼　95,96
お水　101,109
オレンジ色　83,112

カ行
母ちゃん　109
海抜ゼロメーター　131
家屋疎開　87,113
核　3,132
核体験　43
学徒動員　18,21,42,45,48,49,50,139,140,141
核兵器　3,10
学友　71
ガスタンク　20
火葬場　107
金輪島　21,23
金輪島付近　78
カラー付　81
カラス　107
ガラス　18,21,24,29,70,83,84
川　90
感覚　3
関西弁　81
感情の喪失　68
黄色　112
機械油　54
危機　3
きのこ雲　81,83

157

救護所　47
恐怖　3
記録映画　81
銀飯　22
くじらの油　99
グリス　54
黒い雨　155
黒焦げの母子　71
軍用トラック　114
血便　105,106,116
原子爆弾　49,68,148,149,150
原爆死没者追悼平和記念館　131
原爆資料館　131
原爆体験記　17
原爆タワー　129,131
原爆ネットワーク　10
原爆の声　7,139
原爆の図　155
原爆60年の声　15
県立広島女子大学　18,78,81,140
高齢化　132
声の迫真力　9
午前11時2分　42
午前8時15分　81
ゴム手袋　93,113
ゴム風船　114
コンテンツ　10

サ行
雑魚場　87,119
砂漠　3
ＣＤ　139,155
ＣＤ化　9
ＣＤ再生機能　139
ＣＤ付　81
ＣＤデッキ　139
紫外線　88,89
地獄　1,3,9,10,44,81,96,139

地獄絵　9,155
地獄の絵　1,3,114
事実　17
死体　26,27,30,42,103,104
実物の永久保存　9
死の淵　72
出血多量　94
焼夷弾　86
衝撃波　45,148
少年・少女の時代　69
女専　18,21,70,82,84,104,105,119,141,155
人類　3,10,43
人類の危機　155
頭蓋骨　107
青春　139
青春時代　72
青春を謳歌　119
生存者　140,132
晴天の霹靂　139
生命　3
世界平和　10
赤痢　106
1945（昭和20）年　3,42
1945（昭和20）年8月6日　18
閃光　42,44,81
専売公社　86
専売局　19,86,113
船舶隊　18
船舶部隊　99
疎開　71

タ行
第二県女　70,141,155
太平洋戦争下　135
高潮被害　131
ＤＡＴ　18,44,81
ＤＡＴ録音　9
建物疎開　28,70,141

魂　3
地球規模　10,155
乳房　71
腸　107
朝礼　23,81
チンク油　47,99,116
テープレコーダー　139
デジタル化　9,139,155
デジタル化保存　132
電鉄原爆死没者の碑　42
天命　140
ドーン　20
ドガーン　18
どん底　3

ナ行
ナガサキの声　42
ナマの音声資料　132
ナマの声　10
ナマの証言　10
肉声のデジタル化　129,132
肉声のデジタル収集　132
荷馬車　92,115
乳児　71
人間の想像力や表現能力　17
人間リアリティー　155
熱線　88,149,150
ネットワーク　10
熱風　25,42,113,119
脳　107
野天　107
暖簾　85,94

ハ行
パーソナルコンピュータ　9
灰色　83,112
蝿　26,102,116
爆心地　44,56,85,149,151

はく奪　3,132
爆弾　46
爆風　42,81,148,149,150
蓮畑　104
裸足　86,113
8月9日　42,43,68
8月6日　111
8時15分　81
母と子で読む証言　67
ハリネズミ　21,68
万物破壊　42
ピカッ　18,19,20,29,82
光ケーブル　9
比治山　77,104,131
非人間的なもの　17
被爆者の肉声　9
被服廠　104
氷嚢　90,113
広島県立第二高等女学校　135,138
広島女子専門学校　18,81,140
広島と長崎　1
ヒロシマとナガサキ　68
ヒロシマの声　17
ヒロシマの証言　79
ピンク色　83,112
負の遺産　10,43
フラッシュ　44,45,82
噴水　56
平和　155
平和アーカイブス　69
変換ソフト　9
防空壕　22,30,83,112
放射能　88
放射能障害　105,119,149
坊や　30
保革油　99,116
蛍茶屋営業所　43

索　引　*159*

マ行
マーキュロム 47
マグネシュウム 82,111
真っ青な空 83,112
真夏の空 83
満天の星 31
マンモスの牙 10
水 70,116,118
水の都 131
未来永劫 10
無味乾燥 3
無用の長物 10
木炭自動車 92
もんぺ 23

ヤ行
火傷 48,50,71,86,90,92,94,97,99,100,101,
　　105,109,114,115,116,118
44.1kHz 9

ラ行
ランニングシャツ 90
リアリティー 17
リアルな人間証言 132
離婚 71
リサンプル 9
寮生 97,103
録音機 44,81
路面電車 42

爆死者数

原爆により当時、広島では14万人以上、長崎では7万人以上の死亡者があったと推定されている。しかし、未だに行方がつかめないなど、実際の死亡者数は正確に把握されているとはいえないが、原爆が大量破壊兵器であり、執拗に被爆者を苦しめる殺戮兵器であることに間違いはない。その証拠に、60年たった今でも放射能障害で苦しみ、毎年、過去帳などに刻まれる人はたえないのである。

Those who perished after the dropping of the Atomic Bomb

To clarify the figures not only for Japanese people, but for people living outside of Japan too. The impact of the Atomic Bomb left approximately 140,000 people instantly dead, twice as many as in Nagasaki. The number of people still dying as a result of their exposure to deadly radiation is still growing, and each year the number increases slowly but surely. Sixty years on, this impact can still be felt. As an appeal to the countries of the world to stop the proliferation of nuclear weapons, I would like to make this known.

CD版は世界平和をめざす、人類口承史を構築するためのものであり、営利目的などで使用されることをかたく禁止します。

For the sake of world peace in the future, it is vital that we preserve accounts of mankinds' greatest atrocities. In the same way that the Holocaust must never be forgotten, it should be that people around the world will always remember the tragedy caused by the Atomic Bomb.

Message from Dr. Motohisa Imaishi

Japan has four distinct and beautiful seasons, especially visible in the rich pockets of nature still left untouched. In a similar way, Japan has many distinct and beautiful dialects. I call on all and any who share my vision in introducing these to the world.

About The Author

Fields of Specialization
Japanese Oral Linguistics; Experimental Phonetics; Japanese Dialects
Doctor of Humanities
Professor Emeritus of Hiroshima Prefectural Women's Universtiy
Published Works: "Experimental Research of Japanese Phonetics;" "Introduction to Oral Linguistics;" et cetera

Keywords

Voices

    Voices from…
    The true power of…
    Digital…

Testimony

    Hiroshima Testimony
        Yasuda Tomoko
        Murakami Namiko (Included on the CD)
    Nagasaki Testimony
        Wada Koichi

Humanity

    "Sense of humanity"
    Peace
    'Guernica' / A Picture of Hell
    Mammoth's tusks
    The Atomic Bomb Tower

編著者略歴

今 石 元 久（いまいし　もとひさ）

1940年、生まれ。広島大学卒・同大学院博士過程満了。博士（文学）。専門、方言学及び音声言語科学。県立広島女子大学名誉教授。
著書　『日本語音声の実験的研究』（和泉書院）、『日本語表現の教育』（国書刊行会）、『岡山言葉の地図』（日本文教出版社）、『鳥取の伝統方言』（日本文教出版社）など。編著　『原爆60年の声』（自家）、『音声研究入門』（和泉書院）など。

人類の危機に立ち会った人たちの声

2006（平成18）年7月11日　発行

編著者　今 石 元 久
発行者　木 村 逸 司
発行所　株式会社　溪水社
　　　　広島市中区小町1－4　（〒730-0041）
　　　　電　話　(082)246-7909／FAX (082)246-7876
　　　　E-mail：info@keisui.co.jp

ISBN4-87440-933-4 C0036